DIPL. OEC. TROPH. BETTINA SNOWDON

Gesunde Ernährung bei Divertikulitis

Mit der richtigen Ernährung Schüben vorbeugen

2. Auflage

90 ballaststoffreiche und entzündungshemmende Rezepte

humboldt

VORWORT

Liebe Leserin, lieber Leser,

Divertikel werden häufig zufällig bei einer Darmspiegelung entdeckt. Für viele Betroffene kommt dieser Befund dann auch überraschend, da sie keinerlei Beschwerden haben. Nur jeder vierte bis fünfte mit einer sogenannten Divertikulose bemerkt die Ausstülpungen in der Darmwand überhaupt. Alle anderen leben gut und beschwerdefrei damit.

Divertikel selbst sind noch keine Krankheit, sondern eine eigentlich harmlose Veränderung von kleinen Teilen der Darmwand, die sich an Schwachstellen im Gewebe nach außen wölbt. Sie stellen aber ein Risiko für eine Erkrankung dar. Denn wenn sich die Darmausstülpungen entzünden, kann es gefährlich werden. In diesem Fall spricht man von Divertikulitis. Diese Entzündungen verursachen nicht nur starke Schmerzen, sondern können im schlimmsten Fall sogar zu einem Durchbruch der Darmwand und anderen schwerwiegenden Komplikationen führen. Im Fall einer Entzündung ist die medikamentöse Behandlung und unter Umständen sogar eine Operation unumgänglich.

Doch so weit muss es nicht kommen, es ist denkbar einfach, solchen Komplikationen vorzubeugen: mit einer Ernährungsumstellung. Allem voran sind es Ballaststoffe, die mit ihrem günstigen Einfluss auf die Verdauung sehr wirksam verhindern, dass es zu einem Entzündungsgeschehen kommt. So kann der Entstehung einer Divertikulitis oder dem Wiederauftreten weiterer Schübe sehr gut vorgebeugt werden. Mit Lebensmitteln, die entzündungshemmend wirken, und solchen, die die Darmflora verbessern, können Sie Ihrem Darm noch mehr Gutes tun und gegen Entzündungen vorgehen.

Wie abwechslungsreich und lecker die Ernährung bei Divertikulitis ist, erfahren Sie in diesem Buch – mit theoretischen Hintergründen, einem Überblick über die spezielle Ernährung bei Divertikeln sowie vielen Tipps und Rezepten.

Ihre

Bettina Snowdon

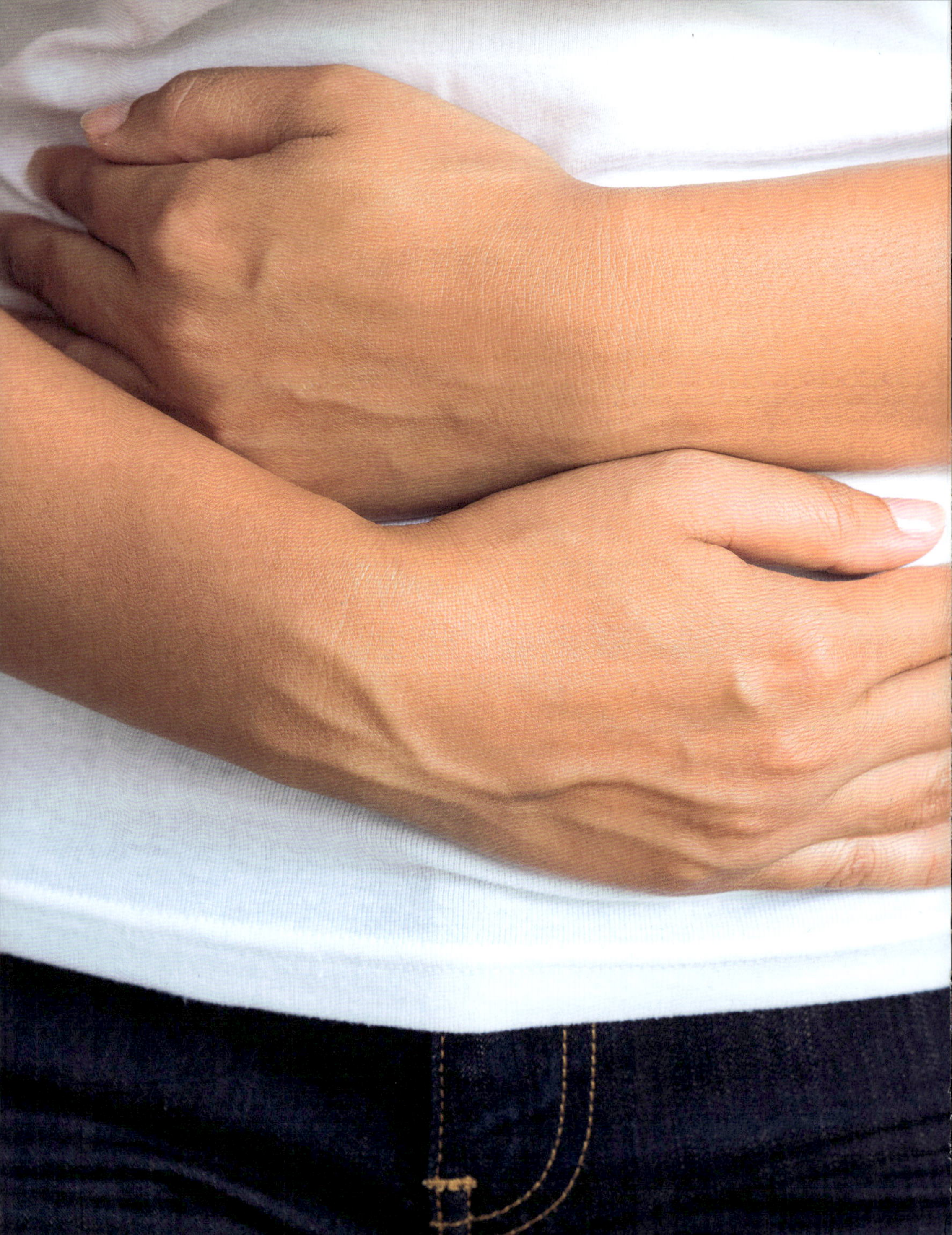

DIVERTIKULITIS – DAS SOLLTEN SIE WISSEN

Eine Divertikulitis kann viele Ursachen haben. Manche können wir nicht verhindern, andere schon. In diesem Kapitel erfahren Sie, was genau eine Divertikulitis ist und wie Sie ihr vorbeugen können.

Die Krankheit verstehen

Divertikulitis ist eine Erkrankung, die entsteht, wenn sich Divertikel entzünden. Solche Divertikel sind an sich harmlos und müssen für Sie zunächst keinen Anlass zur Sorge sein.

Ausstülpungen im Darm: Divertikel

Sehr viele Menschen bekommen im Laufe ihres Lebens Divertikel – Ausstülpungen der Darmschleimhaut, die durch die Muskelschicht des Darms in den Bauchraum hervorgetreten sind. Diese einen halben bis mehrere Zentimeter großen Aussackungen können an verschiedenen Organen entstehen, zum Beispiel in der Speiseröhre oder in der Blase. Doch meistens befinden sie sich im Darm. In der Regel kommen Divertikel nicht einzeln vor, sondern an mehreren Stellen zugleich. Ist dies der Fall, spricht man von einer Divertikulose.

Sehr typisch ist ihr Vorkommen im Dickdarm und dort fast immer im linksseitigen absteigenden Darmabschnitt, dem Sigma- oder S-Darm, der in den Enddarm übergeht. In bis zu 95 Prozent aller Fälle treten die Divertikel in diesem Darmabschnitt auf, der 15 bis 20 Zentimeter vor dem After liegt.

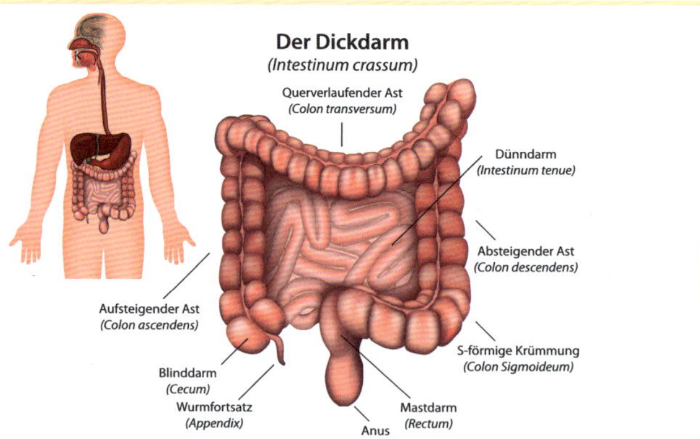

Divertikel entstehen besonders häufig im absteigenden Dickdarm.

Dass sie ausgerechnet am absteigenden Dickdarm besonders häufig entstehen, ist kein Zufall: Weil dieser Teil einem besonders hohen Druck ausgesetzt ist, ist die Darmschleimhaut dort besonders gefährdet, durch kleine Lücken im Gewebe gedrückt zu werden, zum Beispiel durch Eintrittsstellen von Gefäßen. Dort bilden sich dann die kleinen Aussackungen.

Werden Divertikel zufällig bei einer routinemäßigen Darmspiegelung, einer Ultraschall- oder Röntgenuntersuchung entdeckt, kommt das für die Betroffenen oft überraschend, da sie keinerlei Beschwerden haben. Bei über 70 Prozent aller Menschen mit Divertikeln sind diese unauffällig und werden lebenslang nicht bemerkt.

Wer ist betroffen?

Schwaches Bindegewebe gilt als ein Risikofaktor für das Entstehen von Divertikeln. Dagegen gibt es leider keine Behandlungsmöglichkeit, denn eine Bindegewebsschwäche ist Veranlagung. Da die Bindegewebsfestigkeit mit dem Alter noch nachlässt, sind Divertikel im höheren Alter häufiger anzutreffen und gelten als eine typische Alterserscheinung. Ebenso fördert vermutlich eine ballaststoffarme Ernährung die Entstehung von Divertikeln. Dann ist der Stuhl hart und fest, was meist mit einer Verstopfung einhergeht, wodurch der Innendruck im Darm höher ist als bei weichem und geschmeidigem Stuhl. Zusammen mit der zunehmenden Bindegewebsschwäche im Alter führt es dazu, dass sich die Darmschleimhaut nach außen wölben kann.

> Schwaches Bindegewebe und eine ballaststoffarme Ernährung sind Risikofaktoren für das Entstehen von Divertikeln.

Vorkommen von Divertikulose

28 bis 45 Prozent der Gesamtbevölkerung sind von einer Divertikulose betroffen. Der Anteil ist jedoch stark altersabhängig: Bei unter 50-Jährigen sind Divertikel bei jedem fünften bis zehnten zu finden, bei 50- bis 60-Jährigen ist es schon jeder zweite bis dritte. Bei über 70-Jährigen sind sogar über 60 Prozent betroffen. Doch

nur 10 bis 20 Prozent aller Menschen mit Divertikulose entwickeln auch Beschwerden.

Die Zahl jüngere Patientinnen und Patienten nimmt allerdings zu und es ist auch ein Anstieg der Fälle zu verzeichnen, in denen Komplikationen vorkommen.

Divertikulose findet sich in afrikanischen und asiatischen Ländern sehr viel seltener als bei uns. Dort liegt der Anteil bei unter 10 Prozent. Man kann daher davon ausgehen, dass unsere Lebens- und Ernährungsweise die Entstehung einer Divertikulose begünstigt, was dadurch bestätigt wird, dass auch in den Ländern mit relativ geringer Inzidenz der Anteil steigt, sobald sich ein „westlicher Lebensstil“ mehr verbreitet.

Wenn Divertikel Probleme machen

Solange sich bei Ihnen keine Symptome zeigen, besteht auch keine Notwendigkeit, Divertikel zu behandeln. Allerdings kann aus Divertikeln eine Erkrankung entstehen, die einige mehr oder weniger schwerwiegende Beschwerden verursacht. Dieser Erkrankung lässt sich glücklicherweise durch die richtige Ernährungsweise vorbeugen.

Die Gesamtheit aller mit Divertikeln in Zusammenhang stehenden Symptome nennt man Divertikelkrankheit. Sind die Ausstülpungen entzündet, spricht man von einer Divertikulose.

Symptome einer Divertikulitis sind unter anderem Schmerzen, die denen bei einem entzündeten Blinddarm ähneln, weshalb man manchmal auch von „Linksappenziditis“ oder aber „Appenziditis der Älteren“ spricht. Sie ist eine akute Erkrankung, die oft von Fieber und von Verstopfung oder Durchfällen begleitet wird, manchmal auch von Blut oder Schleim im Stuhl.

Im Kasten auf Seite 11 werden Beschwerden aufgeführt, die auf eine Divertikelkrankheit hinweisen können. Allerdings gibt es auch zahlreiche weitere Gründe, die solche Symptome verursachen. Tritt eines oder treten mehrere diese Symptome bei Ihnen auf, sollte der Arzt abklären, was die Ursachen sind.

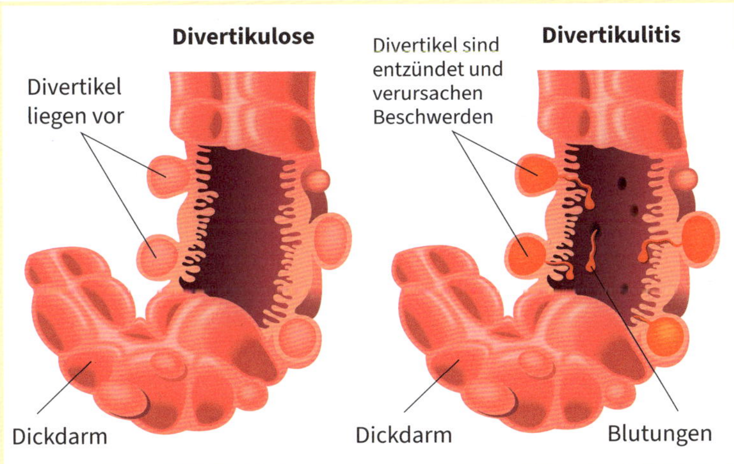

Links eine Divertikulose, rechts eine Divertikulitis.

Beschwerden, die auf eine Divertikelkrankheit hinweisen können

- leichte bis heftige dumpfe, ziehende Schmerzen im linken Unterbauch, wo sich der S-Darm befindet, die auch kolikartig sein können; ähnlich wie bei einem entzündeten Blinddarm
- Beschwerden verschwinden oft vorübergehend, können aber auch dauerhaft sein; sind nach dem Essen oft stärker, nach dem Stuhlgang schwächer
- Druckschmerz im linken Unterbauch
- ständige Blähungen
- Stuhlunregelmäßigkeiten wie Verstopfung oder Durchfälle
- Übelkeit, Erbrechen
- Appetitlosigkeit
- erhöhte Temperatur und Fieber
- Schmerzen beim Wasserlassen (durch Fistelbildung zur Harnblase)

Wie kommt es zu einer Divertikulitis?

Wie kommt es nun dazu, dass sich aus den eigentlich harmlosen Ausstülpungen in den Darmwänden eine Erkrankung entwickelt? Es passiert dann, wenn sich Nahrungsbestandteile, also Stuhl, in den Divertikeln sammeln. Ist dieser hart und fest, kann er die Schleimhaut beschädigen und damit eine Entzündung hervorrufen. So wird aus einer Divertikulose eine Divertikulitis. Da der S-Darm eine „Hochdruckzone" darstellt, ist er besonders anfällig für Entzündungen.

Neueren Untersuchungen zufolge verdichtet sich die Vermutung, dass auch die Zusammensetzung der Darmflora, des sogenannten Mikrobioms, bei der Entstehung einer Divertikulitis eine Rolle spielt. So konnte man bei etwa 80 Prozent aller darauf untersuchten Probanden eine bakterielle Überwucherung des Darms feststellen. Zu dieser kann es kommen, wenn Muskeln oder Nerven im Darm geschädigt sind. Es bleiben dann Bakterienreste im Dünndarm zurück, die hier nichts zu suchen haben und die Infektionen und Entzündungen verursachen.

Übergewicht ist einer der Risikofaktoren für Divertikulitis.

Ein verändertes Mikrobiom findet sich häufig auch bei Übergewichtigen, sodass man heute sogar schon vermutet, dass die Bakterienzusammensetzung im Darm mit der Entstehung von Übergewicht zusammenhängt. Übergewichtige neigen dadurch eher zu Entzündungen und sind damit besonders von Divertikulitis betroffen.

Dauerhaft bestehende niedrigschwellige Entzündungen im Körper – man spricht auch von Silent Inflammation, also stiller Entzündung – sowie ein „leaky gut", der „löchrige Darm" spielen hier ebenfalls eine Rolle.

„-ose" oder „-itis"? Was ist der Unterschied?

Die Wortendung -ose bezeichnet in der medizinischen Terminologie zunächst nur eine Zustandsveränderung, die nicht entzündlich ist. Eine Arthrose bezeichnet beispielsweise einen Gelenkverschleiß, die Divertikulose das Vorhandensein von Divertikeln.

Die Wortendung -itis dagegen weist immer auf eine Entzündung hin. Bei einer Arthritis wird der Gelenkverschleiß von einer Gelenkentzündung begleitet, bei einer Divertikulitis verursachen die Divertikel Entzündungen.

Wenn eine Divertikulitis nicht behandelt wird

Wird eine bestehende Divertikulitis nicht rechtzeitig entdeckt oder behandelt, kann es zu ernsthaften Komplikationen kommen.

Die Haut von Divertikeln ist dünn und gerät durch eine Entzündung unter Druck. Dann können die entzündeten Divertikel aufbrechen und es können entweder offene Durchbrüche entstehen oder die offenen Stellen werden beispielsweise von andere Darmschlingen abgedeckt und es entwickelt sich ein Abszess im Bauchraum. Die Entzündung kann sich dabei auf den gesamten Bauchraum ausdehnen und selbst das Bauchfell kann betroffen sein (Peritionitis).

Durch die entzündliche Schwellung der Darmwand kann der Darm sich so weit verengen, dass der Darminhalt nicht mehr weitertransportiert werden kann (Stenose). In der Folge kann es zu einem Darmverschluss (Ileus) kommen.

Es können auch Verbindungen zwischen verschiedenen Darmabschnitten oder zwischen dem Darm und anderen Organen wie Blase, Harnleiter, Gebärmutter oder Vagina entstehen, dann spricht man von Fistelbildung.

Divertikulose, Divertikelkrankheit oder Divertikulitis?

BEZEICHNUNG	SYMPTOMATIK	STADIUM
Divertikel-krankheit	Sammelbegriff für alle symptomatischen Formen einer Divertikulose wie Bauchschmerzen oder Stuhlunregelmäßigkeiten	
Divertikulose	Vorhandensein von Divertikeln ohne Beschwerden	**Stadium 0**
Divertikulitis	meistens akutes Krankheitsbild mit Entzündung eines oder mehrerer Divertikel und ihrer Umgebung	
	Entzündung ist auf die Darmwand beschränkt	**Stadium 1** Unkomplizierte Divertikulitis
	Entzündung, die zu weiteren Komplikationen führen kann, mit Perforationen, Fisteln oder Abszessen	**Stadium 2** Komplizierte Divertikulitis mit Stufen a bis c, abhängig davon, wie weit sich die Entzündung über die Darmwand ausgebreitet hat. Stufe c: Darmdurchbruch (Perforation)
	wiederkehrende oder dauerhafte Entzündung, die zu weiteren Komplikationen führen kann (besonders Fisteln und Stenosen)	**Stadium 3** Chronische rezidivierende Divertikulitis

So erkennt der Arzt eine Divertikulitis

Wenn Sie unter einem oder mehreren der genannten Symptome leiden, muss zunächst die Ursache abgeklärt werden, denn neben einer Divertikulitis kommen auch andere Erkrankungen infrage. Wie die Untersuchung im Einzelnen aussieht, wird Ihr Arzt oder Ihre Ärztin individuell festlegen.

Vor der körperlichen Untersuchung wird er sich zunächst erkundigen, seit wann die Schmerzen bestehen, wo sie am stärksten sind und ob Sie schon einmal unter solchen Schmerzen gelitten haben. Als nächstes wird er Sie äußerlich durch Abtasten untersuchen, denn manchmal lassen sich Divertikel, die durch die Entzündungen miteinander verwachsen sind, schon als eine Art Walze im linken Unterbauch ertasten. Das Abtasten der entzündeten Stellen kann schmerzhaft sein. Zudem wird der Arzt den After mit dem Finger austasten (digital-rektale Untersuchung).

Als Nächstes wird er in der Regel eine Ultraschall-, Computer- oder Magnetresonanztomografie (MRT) durchführen und mittels einer Blutuntersuchung die Entzündungswerte messen. Liegt eine Entzündung vor, sind meistens Leukozyten, Blutkörperchen-Senkungsgeschwindigkeit und das C-reaktive Protein CRP erhöht.

Hat der Arzt den Verdacht, ein Divertikel könnte sogar durchgebrochen und somit Luft in den Bauchraum gelangt sein, wird er Sie röntgen. Wenn sich die Entzündung in der Darmwand so weit ausgebreitet hat, dass ein Divertikel nach außen durchgebrochen ist, sammelt sich die Luft unterhalb des Zwerchfells an, was auf dem Röntgenbild sichtbar wird. Eine Darmspiegelung wird meistens nicht sofort durchgeführt, ist aber zur Abklärung anderer möglicher Krankheiten wie Darmkrebs angeraten.

Wie sieht die Behandlung aus?

Wenn eine Divertikelkrankheit bei Ihnen diagnostiziert wurde, richtet sich die Behandlung nach der Art und Schwere der Erkrankung. In vielen Fällen wird eine Divertikulitis nicht von weiteren Komplikationen begleitet, dies ist nur bei einem Viertel aller Erkrankungen der Fall.

Eine Divertikulitis wird heute nicht mehr so häufig operiert und wenn doch, dann wird versucht, selbst größere Eingriffe mikroinvasiv durchzuführen.

Eine schwere bzw. komplizierte Divertikulitis aber macht eine Behandlung im Krankenhaus notwendig und je nach Schwere der Komplikation muss auch operiert werden. Um die Entzündung zu beseitigen, wird man im Krankenhaus zunächst eine intravenöse Antibiotikabehandlung durchführen. Sie dürfen keine Nahrung zu sich nehmen und werden auch intravenös ernährt. Diese Behandlung ist auch vor einer Operation – sofern keine Notfallindikation vorliegt, bei der sofort operiert werden muss – notwendig, damit im entzündungsfreien Zustand operiert werden kann.

Eine Operation wird dann unumgänglich, wenn die Divertikel perforiert und nicht durch andere Gewebeteile abgedeckelt sind, sodass Darminhalte frei in den Bauchraum gelangen können. Denn in diesem Fall besteht das Risiko einer Bauchfellentzündung. Weiterhin wird eine Operation notwendig, wenn ein Darmdurchbruch, eine Darmverengung (Stenose) bis hin zum Darmverschluss (Ileus), Blutungen oder Fisteln festgestellt werden.

Wird ein Darmdurchbruch festgestellt, ist eine Operation unumgänglich.

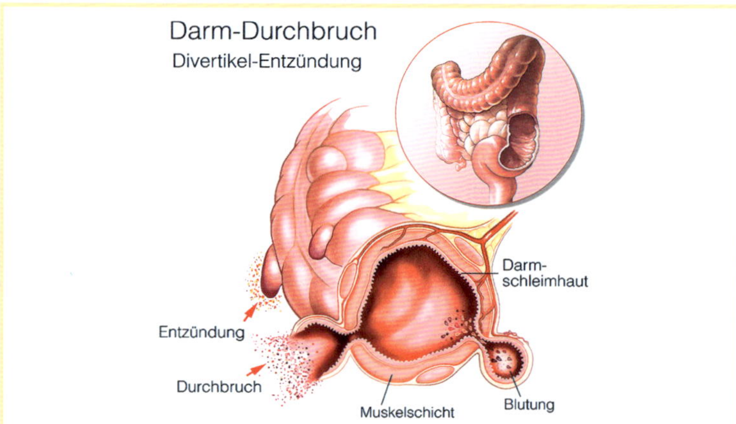

Bei der Operation wird ein definiertes Stück von 20 bis 30 Zentimetern des betroffenen Darmabschnitts entfernt. Divertikel, die sich an anderen Stellen befinden, werden dagegen belassen, denn eine Entzündung ist durch die Entfernung der besonders anfälligen Stelle in Zukunft fast ausgeschlossen.

Wenn der akute Entzündungsschub abklingt

Ist der Entzündungsschub vorbei, muss der Darm zunächst geschont werden, darauf folgt eine leichte Aufbaukost. Der Arzt wird in der Regel zunächst für ein bis drei Tage nur flüssige Speisen wie Tees, Brühen, Suppen und eventuell passierte gut verträgliche Lebensmittel empfehlen. Ist die Entzündung dann noch weiter abgeklungen, beginnt man mit einer ballaststofffreien oder -armen Kost, die man so lange beibehält, bis die Beschwerden deutlich besser geworden sind. Nach und nach kann auf normale Ernährung umgestellt werden, und abhängig von der individuellen Verträglichkeit werden weitere Lebensmittel dazu aufgenommen. Zunächst bleibt die Ernährung aber ballaststoffarm.

> Nach dem Schub ist Schonkost angesagt, danach folgt Aufbaukost.

Ballaststofffreie Lebensmittel nach einem Schub

- Gemüse- und Fleischbrühe (ohne Einlage wie Gemüse, Getreideprodukte, Fleisch, Geflügel, Fisch oder Eier)
- Wurst
- Milch und Milchprodukte (Quark, Joghurt, Kefir, Molke, Dickmilch, Buttermilch, Skyr)
- Käse (Hartkäse, Schnittkäse, Weichkäse, Frischkäse)
- Öl, Butter, Margarine, Sahne
- Gelatine, Geleespeisen
- Obst- und Gemüsesäfte (ohne Fruchtfleisch)
- Konfitüre, Fruchtaufstriche, Gelees, Honig, keine Himbeer- oder Brombeermarmelade mit Kernen

Verwenden Sie zum Würzen nur milde Gewürze und Kräuter.

Ballaststoffarme Lebensmittel nach einem Schub

- Getreideprodukte aus Weißmehl wie Weißbrot, Toastbrot, Baguette, Zwieback, Brötchen, Grieß, Reisflocken, zartschmelzende Haferflocken, Stärke, Cornflakes etc.
- polierter Reis, Hartweizennudeln
- Kartoffeln (ohne Schale), Kartoffelpüree, Semmelknödel etc.
- gegartes Gemüse: Möhren, gehackter Spinat, pürierte Gurken und Tomaten ohne Schale und Kerne, gedünsteter Chicorée, Mangold, Spargelköpfe, Knollensellerie, Zucchini, Auberginen ohne Haut, in kleinen Mengen Kohlrabi, Blumenkohl, Brokkoli nach individueller Verträglichkeit
- kleine Mengen reifer Bananen oder Kiwis
- gedünstetes Obst (auch Konserve) ohne Schale und Kerne: Pfirsiche, Birnen, Äpfel, Apfelmus, Aprikosenmus, geschälte Aprikosen, Fruchtcocktail, Mandarinen, Erdbeeren

Lebensmittel, die zu meiden sind

- rohes Gemüse, Salate, Hülsenfrüchte, Kohl, Zwiebeln, Lauch, Pilze, Paprika mit Schale etc.
- Beeren, Ananas, Pflaumen, Kirschen, Zitrusfrüchte
- Vollkornprodukte, Müsli, Weizenkleie oder ballaststoffangereicherte Lebensmittel
- Gebratenes, in viel Fett Gebackenes, Frittiertes
- Kaffee, Alkohol, kohlensäurehaltige Getränke, saure Säfte

Wenn die Entzündung überstanden ist

Ist die Divertikulitis überstanden und der betroffene Darmabschnitt wurde nicht entfernt, ist die Gefahr einer erneuten Entzündung der Divertikel mit etwa 30 Prozent relativ hoch.

Doch um weitere Anfälle zu verhindern, kann eine Operation nach einer zweiten und dritten Entzündung sinnvoll sein. Die Operation ist allerdings ein Eingriff, zu dem Sie sich vielleicht aus guten Gründen nicht so einfach entscheiden möchten. Sie sollte nur als letzte Möglichkeit in Betracht gezogen werden.

Anders als noch vor einigen Jahren empfehlen die medizinischen Leitlinien heutzutage auch dann nicht mehr grundsätzlich eine Operation, wenn mehrere Entzündungsschübe aufgetreten sind. Denn heute weiß man, dass mit jedem Schub das Risiko eines Darmdurchbruchs sogar sinkt, während man vor einiger Zeit noch vom Gegenteil ausging. Wenn der Leidensdruck des Patienten hoch ist, kann eine Operation sinnvoll sein. Die Entscheidung kann aber nur nach einer guten Aufklärung über den Eingriff und gemeinsam von Arzt und Patient gemeinsam getroffen werden.

Ernährungsumstellung bei Divertikulitis in drei Phasen

1. Phase: Nahrungskarenz
Nahrungskarenz während eines akuten, entzündlichen Schubs, gegebenenfalls künstliche Ernährung. Nach ein bis zwei Tagen langsamer Kostaufbau vor allem mit Tees, Suppen und Zwieback.

2. Phase: ballaststoff- und fettarme Ernährung
Zur Schonung des Darms in den folgenden Wochen ballaststoff- und fettarme Lebensmittel. Dazu zählen Zwieback, Wurstwaren (Geflügel), Obstsäfte, Käse, Honig, Milchprodukte und Fleischbrühe.

3. Phase: langsamer Übergang zu ballaststoffreicher Kost
Langfristige Ernährungsumstellung, wenn die Entzündung vollständig ausgeheilt ist: ballaststoffreich, antientzündlich, probiotisch.

So können Sie vorbeugen

Die wichtigste und wirksamste Prävention ist verblüffend simpel und ebenso wirkungsvoll: Sie besteht aus einer Umstellung auf eine Ernährung mit vielen Ballaststoffen, dazu etwas mehr Bewegung. Ballaststoffe halten den Darminhalt weich, sodass er den Darm gut passieren kann. Die Wahrscheinlichkeit, dass sich feste Nahrungsbestandteile in Divertikeln ansammeln und dort Entzündungen verursachen, sinkt damit drastisch.

MIT ERNÄHRUNG HEILEN

Wie so oft im Leben, ist eine gesunde Ernährung ein wichtiger Baustein für ein beschwerdefreies Leben. Mit der richtigen Ernährung verringert sich die Wahrscheinlichkeit, dass sich Divertikel entzünden und Sie leben beschwerdefrei und unbelastet – trotz einer bestehenden Divertikulose.

Ballaststoffe sind unentbehrlich für einen gesunden Darm

Eine Divertikulitis lässt sich durch die richtige Ernährung auf sehr natürliche Art verhindern.

Unter Medizinerinnen und Ernährungsfachleuten ist es unumstritten: Um einer Divertikulitis vorzubeugen, besteht die weitaus wichtigste Änderung in der Ernährung darin, den Anteil an Ballaststoffen zu erhöhen.

Was sind Ballaststoffe und wie wirken sie?

Ballaststoffe nennt man die Gruppe unverdaulicher Nahrungsbestandteile. Sie kommen ausschließlich in pflanzlichen Lebensmitteln vor, haben selbst keinen oder kaum einen Nährwert und wurden deshalb früher als für die Ernährung wertlos angesehen – Ballast eben.

Glücklicherweise ist ihre positive Auswirkung auf den Verdauungsvorgang schon seit langer Zeit bekannt. Ballaststoffe sind für eine reibungslos funktionierende Verdauung sogar unverzichtbar, denn sie machen den Stuhl weicher und verkürzen die Darmpassage, dadurch verhindern sie eine Verstopfung. Wie hängt das zusammen? Je länger der Speisebrei im Dickdarm bleibt, umso mehr Wasser wird ihm entzogen. Er wird immer trockener, seine Konsistenz wird fester und es wird immer schwieriger, diese trockenen, harten Bestandteile auszuscheiden – die Folge ist Verstopfung.

Ballaststoffe spielen bei einer Divertikulitis eine entscheidende Rolle.

Aus diesem Grund spielen Ballaststoffe bei einer Divertikulitis eine entscheidende Rolle: Die Entzündung von Divertikeln wird, wie Sie schon gelesen haben, vor allem durch harte Stuhlreste ausgelöst, die sich in ihnen verfangen. Wird der Stuhl durch die vermehrte Aufnahme von Ballaststoffen weicher, beugt dies Entzündungen vor.

Gelangen Ballaststoffe im Laufe des Verdauungsvorgangs in den Dickdarm, saugen sie dort Wasser auf und quellen. Dadurch vergrößert sich das Volumen des Speisebreis, was zur Folge hat, dass auf die Darmwände ein stärkerer Reiz ausgeübt wird. Auf diese Weise werden die Darmtätigkeit und so auch die Verdauung angeregt. Die Zeit, die der Speisebrei im Darm verweilt (Darmpassage), verkürzt sich und das Risiko, dass sich Reste des Speisebreis in Divertikeln ablagern können, sinkt damit erheblich. Der Stuhl ist zudem sehr viel weicher und kann sich auch weniger in Divertikeln festsetzen.

Darüber hinaus haben Ballaststoffe noch weitere günstige Eigenschaften, die sie für die allgemeine Gesundheit sehr wertvoll machen: Sie binden Gifte und andere schädliche Stoffe, die mit der Nahrung in den Darm gelangen, und fördern so deren Ausscheidung. Sie machen schneller satt und helfen damit beim Abnehmen. Sie regulieren Blutfett- und Blutzuckerwerte und sie sind mitverantwortlich für eine gesunde Darmflora, da sie Nährboden für einige positive Darmbakterien sind. Man spricht bei diesen Ballaststoffen auch von Präbiotika (siehe Seite 33).

Welche Ballaststoffe gibt es und wo findet man sie?

Ballaststoffe werden im Wesentlichen in zwei Gruppen aufgeteilt: in wasserlösliche und wasserunlösliche. Beide Gruppen sind in fast allen pflanzlichen Lebensmitteln in unterschiedlichen Mengen und Anteilen vorhanden. Wie hoch der Gehalt genau ist, hängt unter anderem von Sorte, Reifezustand und Anbaubedingungen ab. Sowohl lösliche als auch unlösliche Ballaststoffe sind gut für die Verdauung und sorgen für einen weichen Stuhl. Dennoch unterscheiden sie sich in ihrer Wirkung.

- Zu den wasserlöslichen Ballaststoffen zählen zum Beispiel Pektin, Inulin, Beta-Glukane und Schleimstoffe. Sie wirken positiv auf den Zucker- und Fettstoffwechsel, auf das Immunsystem und auf das Nervensystem. Im Dickdarm werden sie zu kurzkettigen Fettsäuren und Gasen abgebaut und sind damit eine perfekte Nahrung für die Darmflora. Besonders viele wasserlösliche Ballaststoffe enthalten Obst und Gemüse.

- Die wasserunlöslichen Ballaststoffe werden im Darm nicht zerlegt. Sie können mehr Wasser binden und quellen stärker, sind also mehr Füllmasse für den Darm. Das Stuhlvolumen nimmt zu, der Stuhl wird weicher, was die Darmpassage beschleunigt. Dadurch fördern diese Ballaststoffe besonders die Verdauung. Die wichtigsten Vertreter dieser Gruppe sind Zellulose, Hemizellulose und Lignin. Sie befinden sich hauptsächlich in Getreide, Hülsenfrüchten, Nüssen und Gemüse.

Löslich oder unlöslich?

Ob der Anteil an löslichen Ballaststoffen in einem Lebensmittel höher ist als der unlösliche, lässt sich mit einem einfachen Experiment feststellen: Weichen Sie das Lebensmittel in Wasser ein und warten Sie ab. Nimmt das Lebensmittel das Wasser auf und wird dadurch gelartig, ist sein Anteil an löslichen Ballaststoffen hoch. Das ist zum Beispiel bei Haferflocken und geschroteten Leinsamen der Fall.

Für die Behandlung von Divertikeln sind besonders die Ballaststoffe aus Getreideerzeugnissen und Gemüse wichtig.

Ballaststoffe befinden sich vor allem in Getreide und Getreideprodukten wie Vollkornbrot, Vollkornnudeln und Vollkornreis. Auch Kartoffeln, Obst, Gemüse, Hülsenfrüchte und Nüsse enthalten reichliche Ballaststoffe.

Enthalten 100 Gramm eines Nahrungsmittels 5 Gramm Ballaststoffe oder mehr, gilt es als ballaststoffreich. Bei abgepackten Lebensmitteln finden Sie die Informationen über den Ballaststoffgehalt bei den aufgelisteten Nährstoffangaben.

Ballaststoffgehalt innerhalb von Nahrungsmittelgruppen

NAHRUNGSMITTEL-GRUPPE	WENIG BALLASTSTOFFE	VIELE BALLASTSTOFFE
Brot/Brötchen	Brot und Brötchen mit Weißmehl, helles Toastbrot, Weißbrot, Croissants	Vollkornbrot, Leinsamenbrot, Pumpernickel
Gebäck	Torten, Kuchen und Kekse mit Weißmehl, Waffeln, Zwieback	Vollkornzwieback, Vollkornkekse, Kuchen mit Vollkornmehl, Früchtebrot
Mehl und Teigwaren	Weizenmehl Type 405, Hartweizennudeln	Weizenmehl Type 1050, Vollkornmehl, Vollkornnudeln, Hirse, Grünkern, Quinoa, Amarant
Reis	polierter Reis	Vollkornreis, Wildreis
Frühstücksflocken	Cornflakes	Haferflocken, Haferkleie, Weizenkleie
Desserts und Süßes	Puddings, Cremespeisen, Eis, Schokolade	Rote Grütze, Obstsalat, Müsli, Backobst, Nüsse
Gemüse	Gurke, Tomate, Radieschen, Kopfsalat, Zucchini	Kohl (z. B. Brokkoli, Rosenkohl, Blumenkohl), Hülsenfrüchte (z. B. Erbsen, Bohnen, Linsen), Möhren, Paprika, Pfifferlinge, Schwarzwurzeln
Obst	Melonen, Weintrauben, Ananas, Fruchtsaft	Äpfel, Beeren (z. B. Brombeeren, Johannisbeeren, Himbeeren, Heidelbeeren), Birnen, Kaki, Pflaumen

Ballaststoffreiche Nahrungsmittel sollten bei Divertikulitis täglich auf dem Speiseplan stehen.

Nahrungsmittel mit hohem Ballaststoffgehalt

NAHRUNGSMITTEL-GRUPPE	NAHRUNGSMITTEL	BALLASTSTOFF-GEHALT IN 100 g
Getreide, Samen	Weizenkleie	49
	Haferkleie	19
	Weizenkeime	17
	Roggenvollkornmehl	> 13
	Weizenvollkornmehl	10
	Haferflocken	10
	Roggenmehl Type 1370	9
	Dinkelvollkornmehl	> 8
	Weizenmehl Type 1050	> 5
	Dinkelmehl Type 630	< 4
	Vollkornbrot	8
Gemüse	Schwarzwurzeln, gegart	17
	Artischocken	> 10
	TK-Erbsen	> 5
	Möhren, roh	3
	Brokkoli, gegart	3
	Süßkartoffeln	> 3
	Paprika, roh	> 3
	Rosenkohl	> 3
	Spinat, gegart	> 2
	Pastinaken, roh	2
	Kohlrabi, gegart	< 2

NAHRUNGSMITTEL-GRUPPE	NAHRUNGSMITTEL	BALLASTSTOFF-GEHALT IN 100 g
Obst	Himbeeren	< 5
	Kiwis	< 4
	rote Johannisbeeren	< 4
	Rhabarber, gegart	> 3
	Stachelbeeren	< 3
	Birnen	< 3
	Orangen	> 2
	Äpfel	2
Hülsenfrüchte	Mungbohne, gegart	18
	Sojabohne, gegart	10
	Linsen, gegart	> 4
Nüsse und Samen	Flohsamenschalen	79
	Leinsamen	35
	Chiasamen	> 34
	Erdnüsse	> 11
	Sesam	> 11
	Macadamianüsse	> 11
	Pistazien	> 10
	Kürbiskerne	> 8
	Haselnüsse	> 8
	Erdnussmus	> 8
	Sonnenblumenkerne	> 6
	Walnüsse	> 6

Ganze Samen, geschrotet oder gemahlen

Gemahlene Flohsamenschalen quellen im Darm leichter auf und regen die Darmtätigkeit stärker an als Flohsamenschalen oder ganze Flohsamen. Zudem genügt eine geringe Menge, damit sie ihre Wirkung entfalten können. Auch beim Leinsamen sind die geschroteten Samen vorzuziehen. Sie wirken intensiver als die ganzen Samen, da die Schleimstoffe sowie das Leinöl direkt in den Körper gelangen.

So viele Ballaststoffe brauchen wir täglich

Sie wundern sich vielleicht, dass in der Tabelle auf Seite 26 viele Gemüse- und Obstsorten die erforderlichen 5 Gramm pro 100 Gramm an Ballaststoffen nicht erreichen, um als besonders ballaststoffreich zu gelten. Dennoch macht Obst und Gemüse einen nicht unerheblichen Anteil an unserer Ballaststoffzufuhr aus. Denn es kommt immer darauf an, welche Gesamtmenge wir von einem Lebensmittel aufnehmen. So kann zwar zum Beispiel gegarter Grünkohl, der keine 4 Gramm auf 100 Gramm an Ballaststoffen vorweisen kann, dem Leinsamen mit seinem stolzen Gehalt von 34 Gramm pro 100 Gramm auf den ersten Blick keine Konkurrenz machen. Betrachtet man aber, in welchen Mengen diese Lebensmittel auf den Tisch kommen, verändert sich die Sicht. Mit einer üblichen Portion von mindestens 200 Gramm Grünkohl haben Sie 8 Gramm Ballaststoffe aufgenommen. Der Leinsamen, von dem Sie sich einen Esslöffel übers Müsli streuen, steuert weniger als 3 Gramm bei. Fazit: Schöpfen Sie das ganze Spektrum an ballaststoffreichen und ballaststoffhaltigen Lebensmitteln aus!

Mindestens 30 Gramm Ballaststoffe sollten wir am Tag zu uns nehmen, besser wären sogar 40 bis 50 Gramm.

Mindestens 30 Gramm Ballaststoffe sollten wir am Tag zu uns nehmen, besser wären sogar 40 bis 50 Gramm. Diese Empfehlung richtet sich nicht nur an Menschen mit einer Divertikulitis oder Divertikulose, sondern gilt für jeden. Bei einer Divertikulose ist es aber besonders wichtig, diese Empfehlung zu berücksichtigen. In der Realität sieht es ganz anders aus: Im Durchschnitt nehmen wir täglich weniger als 22 Gramm Ballaststoffe auf.

Die empfohlenen Werte können Sie gut erreichen, wenn Sie statt Weißmehl- grundsätzlich Vollkornprodukte essen, wie Brot, Nudeln, Reis etc., außerdem viel Gemüse und Obst sowie Nüsse und Hülsenfrüchte. Mit drei bis vier Scheiben Vollkornbrot, einer Portion Getreideflocken sowie fünf Portionen Obst und Gemüse täglich kommen Sie gut auf Ihren täglichen Bedarf.

So kommen Sie auf Ihren täglichen Ballaststoffbedarf – Beispiel 1

MAHLZEIT	BALLASTSTOFFANTEIL	
Frühstück	Haferflocken (50 g)	5 g
	1 Kiwi	3 g
	Nektarine (50 g)	1 g
	Walnüsse (20 g)	1 g
Mittagessen	gegarter Brokkoli (250 g)	8 g
	3 Kartoffeln (200 g)	3,5 g
Snack	1 ungeschälter Apfel (150 g)	3 g
Abendessen	2 Scheiben Roggen-Vollkornbrot (100 g)	8 g
		32,5 g

So kommen Sie auf Ihren täglichen Ballaststoffbedarf – Beispiel 2

MAHLZEIT	BALLASTSTOFFANTEIL	
Frühstück	2 Scheiben Roggen-Vollkornbrot (100 g)	8 g
	1 ungeschälter Apfel (150 g)	3 g
Mittagessen	gekochte Bohnen (150 g)	3,5 g
	3 Kartoffeln (200 g)	3,5 g
Snack	1 ungeschälte Birne (150 g)	5 g
Abendessen	3 Scheiben Roggen-Vollkornbrot (150 g)	12 g
	gemischter Salat mit Mais (120 g	2,5 g
		37,5 g

Die Ernährung mit Bedacht umstellen

Gewöhnen Sie Ihren Körper schrittweise an mehr Ballaststoffe. Und wichtig: ausreichend trinken!

Wenn Sie bisher nur wenige Ballaststoffe gegessen haben, sollten Sie es bei der Umstellung langsam angehen. Denn der Darm muss sich erst an diese unverdaulichen Nahrungsbestandteile gewöhnen. Wenn Sie von einem auf den anderen Tag Ihre Ernährung umstellen, müssen Sie mit Blähungen, Völlegefühl und Darmgrummeln rechnen. Das ist nicht nur unangenehm, sondern belastet auch vorhandene Divertikel und birgt die Gefahr von Entzündungen. Diese Gefahr besteht jedoch nicht, wenn Sie Ihren Darm behutsam an die für ihn vielleicht ungewohnte Ernährung gewöhnen.
Hier ein paar grundlegende Tipps für die Umstellung:

- Trinken Sie viel! Das gilt nicht nur die Umstellungsphase, sondern auch für die dauerhafte ballaststoffreiche Ernährung. Ballaststoffe brauchen viel Flüssigkeit, um im Darm quellen zu können.
- Fangen Sie langsam an und wechseln Sie zum Beispiel von Weißbrot zu Mischbrot mit Vollkornmehl statt gleich zu Vollkornbrot mit ganzen Körnern.
- Leinsamen, Chiasamen, Flohsamenschalen und Weizenkleie sind sehr gut geeignet, um ballaststoffarme Gerichte aufzuwerten. Sie können sie übers Müsli streuen, in Joghurt einrühren oder in den Pudding geben.
- Gehen Sie schrittweise vor und ergänzen Sie Ihre Mahlzeiten nach und nach mit Hülsenfrüchten. Möglicherweise vertragen Sie einige besser, andere schlechter. Das finden Sie besser heraus, wenn Sie nicht alles auf einmal probieren.

Gut zu wissen

Einige Ballaststoffe haben eine entzündungshemmende Wirkung, sind aber zugleich auch blähungsfördernd. Hier gilt es abzuwägen, denn die entzündungshemmende Eigenschaft ist bei der Vorbeugung gegen Divertikulitis gewünscht. Probieren Sie aus, wie Sie einzelne Hülsenfrüchte vertragen. Ein paar Tipps, wie die blähende Wirkung von Hülsenfrüchten reduziert werden kann, finden Sie auf Seite 36.

Sind kleinteilige Lebensmittel ein Problem?

Früher wurde davon abgeraten, bei Divertikulitis Körner und andere kleinteilige Lebensmittel zu essen, die sich womöglich in den Divertikeln festsetzen und Entzündungen hervorrufen können. Dazu gehören Samen wie Sesam, Leinsamen und Mohn, aber auch Nüsse, Himbeeren und Brombeeren mit ihren kleinen Samenkernen sowie Popcorn.

Mittlerweile wurden zu diesem Thema einige wissenschaftliche Untersuchungen durchgeführt und keine konnte eine erhöhte Gefahr von Divertikelentzündungen durch den Verzehr dieser Lebensmittel nachweisen. In einer groß angelegten langfristigen Studie konnte sogar ein positiver gesundheitlicher Effekt auf die Divertikulitis nachwiesen werden, wenn die Probanden zweimal wöchentlich Nüsse und Samen aßen.

Daher wird heute in der Regel nicht mehr empfohlen, diese Lebensmittel aus dem Speiseplan zu streichen, zumal einige von ihnen für eine gesunde Ernährung wichtig sind. Wenn Sie trotzdem unsicher sind, verwenden Sie Körner, Samen und Nüsse einfach fein gemahlen und kauen weniger fein Gemahlenes immer gut.

Nutzen Sie auch die guten gesundheitlichen Wirkungen von Nüssen und Samen.

Die Darmflora liebt milchsaure Lebensmittel

Wie groß der Einfluss einer gesunden Darmflora auf die allgemeine Gesundheit ist, wird erst in den letzten Jahren verstärkt erforscht und liefert immer wieder verblüffende Ergebnisse. Heute weiß man, dass das Mikrobiom ein wichtiger, wenn nicht der wichtigste Teil des Immunsystems ist.

Bei entzündlichen Erkrankungen wie der Divertikulitis stellt eine gesunde Darmflora ein wesentliches Kriterium dar.

Gerade bei entzündlichen Erkrankungen wie der Divertikulitis stellt eine gesunde Darmflora ein wesentliches Kriterium dar. Denn wenn das Gleichgewicht zwischen nützlichen und schädlichen Bakterien aus den Fugen geraten ist, können die schädlichen Bakterien auch direkt Entzündungen in Divertikeln auslösen.

Jeder Mensch trägt sein eigenes Mikrobiom in sich. Die Mikroorganismen, die sich hier tummeln, bilden die natürliche Darmflora. Sie besteht aus Tausenden von Bakterienstämmen.

Probiotika für eine gesunde Darmflora

Probiotika sind Mikroorganismen, zum Beispiel Milchsäurebakterien und Hefen. Indem Sie diesen nützlichen Darmbakterien beste Bedingungen bieten, pflegen Sie Ihre Darmflora und können das Entstehen von Entzündungen verhindern.

Probiotika sind in milchsauren Lebensmitteln enthalten. Die wichtigsten sind Sauermilchprodukte wie Joghurt und Joghurtprodukte wie Ayran oder Lassi, Kefir, Dickmilch und Skyr. Auch fermentierte Lebensmittel wie milchsauer vergorenes Gemüse liefern Probiotika. Dazu gehören milchsauer vergorene Gurken, Sauerkraut, Kombucha, Tempeh und Miso.

Diese Produkte sollten oft auf Ihrem Speiseplan stehen, um die gesunde Besiedelung Ihrer Darmflora zu unterstürzen. Dies führt unter anderem zu einer besseren Verdauung und verdrängt krank machende Bakterien im Darm.

Präbiotika fördern nützliche Darmbakterien

Präbiotika sind lösliche Ballaststoffe, wie Inulin und Oligofruktose, die nicht verdaut werden können. Das geschieht im Darm, wo sie als Futter für die Bakterien dienen – unter anderen die Probiotika –, um deren Wachstum und Aktivität zu fördern. Dabei entstehen kurzkettige Fettsäuren, die verschiedene positive Wirkungen haben. Darüber hinaus bringen Präbiotika die Verdauung in Schwung.

> Präbiotika dienen den aktiven probiotischen Bakterien im Darm als Energiequelle.

Gute präbiotische Lebensmittel sind zum Beispiel Schwarzwurzeln, Topinambur, Zwiebeln, Knoblauch, Spargel, Chicorée, Bananen und Getreide.

Entzündungshemmende Lebensmittel

Eine ballaststoffreiche Ernährung ist also das Mittel der Wahl, um sich darmgesund zu ernähren und dafür zu sorgen, dass vorhandene Divertikel unauffällig bleiben. Doch es gibt noch mehr Möglichkeiten, eine Divertikulitis gezielt zu verhindern. Eine ganze Reihe an Lebensmitteln kann mit einer großen Bandbreite an entzündungshemmenden Stoffen aufwarten. Sie helfen nicht nur, Entzündungen im Darm zu vermeiden, sondern wirken auch gegen schwelende Entzündungsherde im gesamten Körper, man spricht heute von stiller Entzündung bzw. Silent Inflammation.

Diese stillen Entzündungen glimmen über lange Zeit im Körper, ohne sichtbare Symptome. Sie beanspruchen das Immunsystem stark und können Zellen und Gewebe schädigen. Verursacht werden sie durch oxidativen Stress, der eine Reaktion des körpereigenen Abwehrsystems auslöst. Oxidativer Stress entsteht durch bestimmte Substanzen, die sogenannten Radikale, die wir über die Nahrung und die Atemluft aufnehmen. Selbst über die Sonneneinstrahlung entsteht oxidativer Stress.

Antioxidantien gegen Entzündungen

Oxidativer Stress bedeutet, dass der Anteil der freien Radikale im Körper zu hoch ist, was oxidative Prozesse – Entzündungen – auslöst. Dagegen wirken antioxidative Substanzen, die sogenannten Radikalfänger. Das sind ganz unterschiedliche Stoffe, wie zum Beispiel Vitamine, Mineralstoffe, sekundäre Pflanzenstoffe, Bitterstoffe und Fettsäuren, die in den verschiedensten Lebensmitteln vorkommen.

Obst und Gemüse enthalten viele Radikalfänger, die antientzündlich wirken.

Eine simple Faustregel lautet: Obst und Gemüse enthalten in der Regel viele dieser Stoffe. Noch ein Argument mehr für eine Küche mit vielen frischen Zutaten! Eine besondere Rolle beim Verhindern von Entzündungsprozessen spielen auch die Omega-3-Fettsäuren, die in vielen pflanzlichen Ölen, in Nüssen und Samen vorkommen.

Besonders antientzündlich wirksame Lebensmittel

Gemüse: Grünkohl, Avocado, Brokkoli, Kohl allgemein, Artischocken, Fenchel, Sellerie, Paprika, Spinat, Tomaten, Steinpilze, Pfifferlinge, Zwiebeln, Knoblauch, Möhren, Kürbis

Hülsenfrüchte: Erbsen, Linsen, Kichererbsen, Sojabohnen und Sojaprodukte

Obst: Äpfel, Birnen, Granatäpfel, Feigen, rote Johannisbeeren, schwarze Johannisbeeren, Himbeeren, Preiselbeeren, Heidelbeeren, Brombeeren, Stachelbeeren, Mirabellen, Mango, Papayas, Hagebutten, Erdbeeren, Sanddorn

Fisch: fettreiche Meeresfische allgemein, besonders Lachs, Makrele, Sardellen, Sardinen, Hering, Thunfisch (seltener, wegen der hohen Schwermetallbelastung)

Getreide: Vollkorngetreide allgemein, besonders Hafer, Vollkornreis, schwarze Quinoa

Nüsse und Samen: alle Nüsse und Samen, besonders Leinsamen, Mandeln, Walnüsse, Pistazien, Pekannüsse

Fette/Öle: Leinöl, Rapsöl, Olivenöl, Walnussöl, Kürbiskernöl, Avocadoöl

Kräuter/Gewürze: Oregano, Thymian, Pfefferminze, Gewürznelken, Zimt, Muskat, Basilikum, Majoran, Ingwer, Kurkuma, Petersilie, Kreuzkümmel, Senf, Paprikagewürz, Rosmarin, Salbei, Pfeffer, Cayennepfeffer, Zitronenmelisse, Piment, Safran, Wacholderbeeren, Vanille, Anis, Lorbeer, Dill
Salate: Löwenzahn, Bittersalate wie Rucola, Radicchio
Genussmittel: grüner Tee, ungesüßtes Kakaopulver, dunkle Schokolade, Kaffee, Rotwein
„Superfood": Açai-Beere, Cranberries, Chia-Samen, Maca

Bio ist meist besser

Wenn Sie Obst und Gemüse einkaufen, sollten Sie die Herkunft im Auge behalten. Wurden beim Anbau synthetische Pestizide und andere Chemikalien verwendet, können die Produkte damit belastet sein. Dies wirkt sich negativ auf die Gesundheit aus, insbesondere auch auf das Entstehen von Entzündungsherden im Körper.

Biologisch angebaute Lebensmittel enthalten keine oder so gut wie keine synthetischen Pestizide und andere Chemikalien, im Gegensatz zu vielen Lebensmitteln aus konventionellem Anbau. Allerdings gibt es einige, die sehr wenig bis gar keine Pestizide benötigen oder die Schadstoffe nicht aufnehmen. Diese können Sie bedenkenlos auch aus konventionellem Anbau kaufen. Dazu gehören: Mais, Ananas, Zwiebeln, Papayas, Erbsen, Auberginen, Spargel, Blumenkohl, Cantaloupe-Melonen, Brokkoli, Pilze, Weißkohl, Honigmelonen und Kiwis.

Im Zweifel sind Sie mit Bioprodukten auf der sicheren Seite. Bis zu 18 verschiedene Rückstände von Chemikalien wurden schon in einigen Lebensmitteln nachgewiesen. Zu den stärker belasteten gehören: Paprika, Erdbeeren, Spinat, Grünkohl, Nektarinen, Äpfel, Weintrauben, Pfirsiche, Kirschen, Birnen, Tomaten, Sellerie und Kartoffeln.

Es ist ratsam, auf Bioprodukte umzusteigen, um entzündungsfördernde Pestizide und Chemikalien zu vermeiden.

Blähungen vermeiden

Oft wird eine Divertikulitis von Blähungen begleitet. Es liegt auf der Hand, dass Sie Ihre Verdauung dann nicht noch mit blähungsfördernden Lebensmitteln belasten sollten. Sie aber einfach nur vom Speiseplan zu streichen, ist nicht angeraten. Vielmehr gilt es, die richtige Balance zu finden, denn einige dieser Lebensmittel enthalten auch viele gesunde Ballaststoffe und haben entzündungshemmende Eigenschaften. Daher sind sie bei Divertikulitis zu empfehlen. Der unten stehende Kasten listet alle Lebensmittel mit blähungsförderndem Potenzial auf.

Blähungsfördernde Lebensmittel

Gemüse: alle Kohlsorten, Kohlrabi, Sauerkraut, Sellerie, Auberginen, Gurken, Rettich, Radieschen, Zwiebeln, Knoblauch, Lauch, Frühlingszwiebeln, Mais, Artischocken, Bärlauch, Paprika
Hülsenfrüchte: Bohnen, Erbsen, Linsen, Kichererbsen
Obst: unreifes Obst allgemein, Zitrusfrüchte, Kiwis, Pflaumen, Kirschen, Birnen, Äpfel, Weintrauben, Bananen, Feigen, Beeren, Trockenfrüchte, Oliven
Getreideprodukte: frisches Brot, Vollkornbrot, Pumpernickel, (Vollkorn-)Getreideflocken, Müsli, Grünkern, Weizenkeime, Vollkornreis, Pilze
Nüsse und Samen
Scharfe Gewürze
Milch und Milchprodukte: Vollmilch, Joghurt, vollfetter Käse
Fleisch und Wurstwaren: Geflügel und Geflügelhaut, Schweinebraten, andere fettige Fleischsorten, fette Wurstwaren, z. B. Salami
Eier und Eierspeisen
Getränke: kohlensäurehaltige Getränke, Fruchtsäfte, alkoholische Getränke, Kaffee
Zucker und Zuckeraustauschstoffe: Haushaltszucker, Fruchtzucker (Fructose), Milchzucker (Laktose), Sorbit, Xylit,
Fettreiche Speisen: Frittiertes, Fast Food, Soßen etc.
Süßigkeiten: Schokolade, Müsliriegel, Salzgebäck, Hefegebäck etc.

Verträglichkeit verbessern

Blähungen lassen sich mit bestimmten Kräutern und Gewürzen wirksam eindämmen.

Sie sehen schon: Vor allem Hülsenfrüchte, Zwiebeln und Kohl wirken zwar blähend, haben aber gerade bei Divertikulitis sehr positive Wirkungen. Sie finden sie auch in den Listen der Lebensmittel mit hohen Ballaststoffgehalt (siehe Seite 26) und entzündungshemmenden Eigenschaften (siehe Seite 34).

Wie schaffen Sie es, diese Lebensmittel in Ihren Speiseplan zu integrieren, ohne durch ihre gleichzeitig mögliche negative Wirkung die Beschwerden zu verschlimmern? Die Empfehlung lautet: Gehen Sie es langsam und bedacht an.

- Die Verträglichkeit von blähungsfördernden Lebensmitteln ist individuell sehr unterschiedlich. Daher müssen Sie ausprobieren, was Sie vertragen und was nicht.
- Oft ist es eine Frage der Gewöhnung. Wenn Sie zum Beispiel nach und nach immer häufiger Hülsenfrüchte oder Kohl essen, wird sich Ihr Darm daran gewöhnen und die Blähungen lassen nach.
- Verwenden Sie blähungshemmende Zutaten, wie Kräuter und Gewürze (siehe Kasten).
- Beachten Sie bei der Zubereitung bestimmte Regeln, damit die Speisen bekömmlicher werden (siehe folgenden Abschnitt).

Blähungshemmende Kräuter und Gewürze

Blähungshemmende Zutaten sind in der Regel Kräuter und Gewürze, die sogar geschmacklich ganz hervorragend zu den Lebensmitteln passen und daher in vielen traditionellen Gerichten fester Bestandteil des Rezeptes sind, wie beispielsweise Kümmel im Kraut.

Gewürze: Anis, Fenchelsamen, Gewürznelken, frischer Ingwer, Kardamom, Koriander, Kreuzkümmel, Kümmel, Kurkuma, Lorbeerblätter, Zimt

Kräuter: Basilikum, Dill, Estragon, frischer Koriander, Petersilie, Pfefferminze, Majoran, Oregano

Die richtige Zubereitung

Bei vielen Lebensmitteln ist die Art der Zubereitung entscheidend für ihre Verträglichkeit. Zum Beispiel lassen sich bei Hülsenfrüchten die enthaltenen Oligosacharide, die für die blähende Wirkung verantwortlich sind, durch verschiedene Maßnahmen stark reduzieren.

- Verwenden sie möglichst getrocknete Hülsenfrüchte, denn damit können Sie Blähungen am besten gegensteuern. Weichen Sie die Hülsenfrüchte ein – mindestens so lange, wie auf der Packung angeben ist – und geben Sie dem Einweichwasser etwas Natron zu. Das Einweichwasser dann auf jeden Fall weggießen und nicht zum Kochen verwenden, denn darin befindet sich jetzt ein Großteil der blähenden Substanzen.
- Beim Garen geben Sie wieder etwas Natron zu, außerdem blähungshemmende Kräuter und Gewürze. Sie können die gegarten Hülsenfrüchte auch mit etwas Essig würzen.
- Lassen sie die Hülsenfrüchte vor der Zubereitung etwas keimen, dadurch werden blähungsfördernde Substanzen abgebaut. Dazu geben Sie die Hülsenfrüchte einfach auf ein Sieb und spülen sie etwa drei Tage lang zwei- bis dreimal täglich unter kaltem Wasser ab, um sie feucht zu halten. Sie keimen dann ganz von selbst. Danach können Sie sie wie gewohnt garen.
- Gelbe und rote Linsen sind leichter verdaulich, da die Ballaststoffschicht entfernt wurde. Sie müssen nicht eingeweicht werden.
- Kohl wird besser verträglich, wenn man das frische Kraut vorab einfriert und wieder auftaut, bevor es gekocht wird.
- Sie können den Kohl über Dampf garen oder die Kohlblätter blanchieren, also den Strunk entfernen und die Blätter in heißem Wasser ein paar Minuten garen. Das Kochwasser weggießen. Danach können Sie den Kohl weiterverarbeiten.

- Garen Sie den Kohl mit blähungshemmenden Gewürzen und Kräutern, auch ein Schuss Essig im Kochwasser macht ihn verträglicher.

Ernährungstagebuch

Um herauszufinden, welche Lebensmittel Sie gut oder weniger gut vertragen und welche Kräuter, Gewürze und Zubereitungsarten dabei geholfen haben, Blähungen zu verhindern, ist ein Ernährungstagebuch sehr hilfreich. Dafür können Sie ein Notizbuch verwenden, eine Excel-Tabelle oder eine App. Was für Sie am einfachsten ist.

Notieren Sie alle Mahlzeiten, Getränke und Snacks inklusive Zubereitungsart und Uhrzeit. Am besten sofort, nachdem Sie gegessen haben.

Weiterhin schreiben Sie auf, ob Sie nach dem Essen Beschwerden haben und welcher Art die Beschwerden sind. Dies in zeitlichen Abständen, zum Beispiel 10 Minuten nach dem Essen und noch einmal 1 Stunde nach dem Essen.

Nach einigen Tagen oder auch zwei bis drei Wochen haben Sie einen guten Überblick darüber, welche Produkte Sie bedenkenlos essen und welche Sie besser meiden sollten. Und welche Zubereitungsarten für Sie gut funktionieren.

Beispiel für ein Ernährungstagebuch

ZEIT	SPEISEN UND ZUBEREITUNG	GETRÄNKE	VERTRÄGLICHKEIT
Frühstück	*Weizentoast mit Marmelade*	*Kaffee*	*keine Probleme*
Mittagessen	*Linsensuppe mit Würstchen, Essig, Bohnenkraut; lange gegart*	*Apfelschorle*	*Völlegefühl, nach 20 Minuten leichte Blähungen*
Abendessen	*Rührei mit Tomate und Gurke*	*stilles Wasser*	*keine Probleme*

Divertikulitis vorbeugen

Eine ballaststoffreiche Ernährung ist das A und O, um zu verhindern, dass sich Divertikel entzünden mit all den negativen Folgen. Darüber hinaus gibt es noch ein paar Tipps, die Sie beherzigen sollten.

Verstopfung vermeiden

Bei Verstopfung ist der Stuhl im Darm sehr hart und damit das Risiko, dass sich Stuhlbestandteile in Divertikeln festsetzen, stark erhöht. Dazu kommt die längere Verweildauer des Stuhls im Darm, die ein weiteres Risiko bedeutet.

Die beste Prävention ist, wie Sie bereits wissen, den Anteil an Ballaststoffen in der Ernährung dauerhaft zu erhöhen. Das macht den Stuhl weich und geschmeidig. Wenn Sie unter Verstopfung leiden, sollten Sie gleichzeitig darauf achten, den Anteil an Lebensmitteln, die stopfend wirken, zu verringern. Das sind vor allem die ballaststoffarmen Getreideprodukte wie Weißmehl und polierter Reis, aber auch schwarzer Tee, Schokolade und Kakao. Bananen, Heidelbeeren und Möhrensuppe bzw. -püree wirken ebenfalls stopfend.

Kein rotes Fleisch essen

Unbestritten ist heute, dass rotes Fleisch das Risiko für eine Divertikulitis signifikant erhöht. Diese Erkenntnis wird bestärkt durch die Tatsache, dass die Erkrankungshäufigkeit bei Vegetariern um 31 Prozent niedriger ist als bei Fleischessern. Dies hängt vermutlich mit bestimmten entzündungsfördernden Eiweißen zusammen, die bei Verzehr von rotem Fleisch ausgeschüttet werden. Rotes Fleisch ist das Fleisch von Rind, Kalb, Schwein, Schaf, Lamm, Ziege, Reh, Hirsch, Wildschwein, Hase, Kaninchen und Pferd. Bei Geflügelfleisch und Fisch zeigte sich diese negative Wirkung nicht.

Herkömmliche Steaks und Schnitzel sollten also besser nicht mehr auf Ihren Teller kommen. Ersetzen Sie beispielsweise Schweineschnitzel durch Hähnchenschnitzel und genießen Sie statt eines Rindersteaks lieber ein saftiges Lachssteak. In vielen traditionellen Fleischgerichten lässt sich rotes Fleisch durch das Fleisch von Geflügel ersetzen.

In vielen traditionellen Fleischgerichten lässt sich rotes Fleisch durch das Fleisch von Geflügel ersetzen.

Wenn Sie statt Fleisch Fisch essen, haben Sie noch einen weiteren Vorteil: Insbesondere fetter Meeresfisch, zum Beispiel Hering oder Makrele, wirkt aufgrund seines hohen Gehalts an Omega-3-Fettsäuren gegen Entzündungen.

Fettzusammensetzung beachten

Omega-3-Fettsäuren als gute Entzündungshemmer wurden bereits erwähnt (siehe Seite 33). Viele pflanzliche Fette haben einen hohen Anteil an Omega-3-Fettsäuren und gelten daher als gesund. Das gilt allerdings nur dann uneingeschränkt, wenn diese Fettsäuren in einem guten Verhältnis zu ihrem „Gegenspieler“, den Omega-6-Fettsäuren vorkommen. Omega-6-Fettsäuren wirken in größeren Mengen entzündungsfördernd. Sie sind nicht per se ungesund, denn Entzündungen werden im Körper zur Bekämpfung von Krankheitserregern auch gebraucht. Befinden sich aber zu viele davon in einem Nahrungsmittel, dann können Omega-3-Fettsäuren ihre Wirkung nicht mehr entfalten. Das ist zum Beispiel bei Pflanzenölen wie Sonnenblumen- oder Distelöl der Fall. Ein Verhältnis von Omega-3- zu Omega-6-Fettsäuren von etwa 1:4 ist ideal.

Fettzusammensetzung in Speiseölen

	VERHÄLTNIS OMEGA-3 ZU OMEGA-6
Leinöl	ca. 3:1
Hanföl	ca. 1:3
Rapsöl	ca. 1:3
Walnussöl	ca. 1:4
Weizenkeimöl	ca. 1:7
Sojaöl	ca. 1:8
Olivenöl	ca. 1:10
Maiskeimöl	ca. 1:52
Kürbiskernöl	ca. 1:110
Sonnenblumenöl	ca. 1:120
Distelöl	ca. 1:160

Viel trinken

Da Sie sich ballaststoffreich ernähren sollen, ist es auch notwendig, viel zu trinken. Mindestens 1,5 Liter am Tag sollten es sein. Die Ballaststoffe – genauer gesagt die unlöslichen Ballaststoffe – brauchen ausreichend Flüssigkeit, um im Darm quellen zu können. Ansonsten droht Verstopfung.

Geeignete Getränke sind Wasser, grüner Tee, Kräutertees und stark verdünnte Fruchtsäfte. Verzichten Sie auf kohlensäurehaltige Getränke, auch auf kohlensäurehaltiges Mineralwasser. Die Kohlensäure ist blähungsfördernd. Grüner Tee hat zusätzlich noch eine antientzündliche Wirkung, eignet sich für Sie also besonders gut.

Gut kauen und bewusst essen

Gute Verdauung fängt beim Kauen an. Durch gutes Kauen und sehr fein zerkleinerte Speisen wird die Passage durch den Darm erleichtert. Kauen Sie jeden Bissen gut und gründlich, bis die Konsistenz der Nahrung breiig ist. Essen Sie langsam und genießen Sie Ihr Essen. Konzentrieren Sie sich ganz darauf, essen Sie nie nebenbei und lenken Sie sich beim Essen nicht durch Fernsehen, das Handy oder anderes ab.

Langsames Essen können Sie sich antrainieren: Zählen Sie am Anfang jede einzelne Kaubewegung, das sorgt automatisch dafür, dass Sie langsamer essen. Legen Sie nach jedem Bissen das Besteck beiseite und nehmen Sie es erst wieder zur Hand, wenn Sie für den nächsten Bissen bereit sind. Essen Sie nie im Gehen oder

Damit die Ballaststoffe gut quellen, sollten Sie mindestens 1,5 Liter am Tag trinken.

Achtsam essen und gut kauen ist die Devise. Das ist insbesondere bei Vollkornprodukten wichtig.

Stehen, sondern nehmen Sie sich die Zeit und setzen Sie sich in Ruhe hin.

Regelmäßig bewegen

Bei Patienten mit Divertikulose kann das Risiko für eine Divertikulitis um bis zu 40 Prozent reduziert werden, wenn sich die Betroffenen regelmäßig körperlich betätigen. Als besonders hilfreich erweise sich dabei eine intensive Betätigung wie joggen. Zu diesem Ergebnis kam die Health Care Professional Study mit über 40.000 Probanden.

Bewegung bringt den ganzen Körper und somit auch den Darm in Schwung. Sie regt die Verdauung an und ist ein wirksames Mittel gegen Verstopfung.

Machen Sie es sich zu einer Gewohnheit, täglich mindestens 30 Minuten Bewegung in Ihren Alltag einzubauen. Sie müssen kein hartes Sportprogramm absolvieren. Es kann der Verdauungsspaziergang nach dem Mittag- oder Abendessen sein, regelmäßige Gymnastik vor dem Fernseher, die Fahrt zum Supermarkt mit dem Fahrrad statt mit dem Auto, die Treppe statt Rolltreppe oder Aufzug. Gehen Sie so oft wie möglich zu Fuß.

Es kann motivieren, mit anderen gemeinsam Sport zu machen. Wenn Sie an einem festen Termin in der Woche mit Ihrer Freundin oder Ihrem Freund spazieren gehen, walken oder joggen, können Sie die Bewegung mit netter Unterhaltung verbinden. Außerdem ist es dann einfacher, sich aufzuraffen, wenn man mal keine Lust hat.

In Kürze: Maßnahmen gegen Divertikulitis

- ballaststoffreich essen: mehr Obst und Gemüse und Vollkornprodukte, weniger Produkte aus Weißmehl, Vollkornreis statt weißem Reis
- blähende Lebensmittel schonend zubereiten, um von ihrer entzündungshemmenden Wirkung zu profitieren
- auf rotes Fleisch weitgehend verzichten
- Verstopfung vermeiden
- gute Speiseöle verwenden
- Übergewicht vermeiden
- ausreichend trinken, möglichst zwei Liter Wasser pro Tag, keine kohlensäurehaltigen Getränke
- gut kauen
- in Ruhe essen
- regelmäßig bewegen, möglichst eine halbe Stunde am Tag

90 REZEPTE – BALLASTSTOFFREICH UND ENTZÜNDUNGS-HEMMEND

Mit einer ausgewogenen Ernährung können Sie die Auslöser einer Divertikulitis gut in den Griff bekommen. Was dafür wichtig ist, haben Sie im zweiten Teil gelesen. Die folgenden Rezepte helfen Ihnen dabei, die Theorie in die Praxis umzusetzen. Sie weisen Ihnen den Weg zu einer abwechslungsreichen, ballaststoffreichen, entzündungsarmen Ernährung, die der ganzen Familie schmeckt. Alle Rezepte sind leicht zuzubereiten und sehr lecker.

FRÜHSTÜCK

Leinsamenporridge mit Nüssen, Pflaumen und Trauben

Für 2 Portionen

Zubereitungszeit: 20 Minuten
Quellzeit: 12 Stunden

Nährwerte pro Portion:
246 kcal / 1027 kJ
7 g Eiweiß / 13 g Fett / 25 g KH / 8 g BS

Zutaten

10 g zarte Haferflocken
40 g Leinsamenschrot
1 kleiner Apfel
2 Pflaumen
6 weiße kernlose Trauben
1 EL Hasel- oder Walnüsse
3 TL Apfeldicksaft

Zubereitung

1 Haferflocken mit 200 ml kaltem Wasser in einen Mixbehälter geben, verrühren und 5 Minuten quellen lassen. Pürieren, Leinsamenschrot untermischen und mindestens 12 Stunden, am besten über Nacht, im Kühlschrank quellen lassen.

2 Nach der Quellzeit den Apfel waschen, vierteln, Kerngehäuse entfernen und das Fruchtfleisch in kleine Würfel schneiden. Pflaumen waschen, halbieren, entsteinen und die Pflaumen in Scheiben schneiden. Trauben waschen und Nüsse grob hacken.

3 Eine beschichtete Pfanne erhitzen. Apfel, Pflaumen, Trauben sowie Nüsse hineingeben und 2 Minuten bei mittlerer Hitze dünsten, dann 2 TL Apfeldicksaft zugeben und 3 Minuten karamellisieren lassen. Anschließend den restlichen Apfeldicksaft unterrühren.

4 Das fertig zubereitete Porridge in zwei Schälchen geben, Pflaumen und Trauben darauf verteilen.

Birnen-Joghurt-Müsli

Für 2 Portionen

Zubereitungszeit: 10 Minuten

Nährwerte pro Portion:

293 kcal / 1227 kJ
10 g Eiweiß / 17 g Fett / 29 g KH / 5 g BS

Zutaten

1 Birne
etwas frisch gepresster Zitronensaft
30 g Walnusskerne
200 g Joghurt (3,5 %)
2 TL Apfeldicksaft
1 TL Leinsamenschrot
1 EL Weizenkeime
1 EL feine Haferflocken

Zubereitung

1 Birne waschen, vierteln, Kerngehäuse entfernen und das Fruchtfleisch in kleine Schnitze schneiden. Mit etwas Zitronensaft beträufeln. Die Walnusskerne hacken.

2 Joghurt mit Apfeldicksaft süßen. Leinsamenschrot, Weizenkeime, Haferflocken und die gehackten Walnüsse unterrühren.

3 Die Birne unter die Joghurtmasse heben und das fertig zubereitete Müsli auf zwei Schälchen verteilen.

Overnight-Oats mit Heidelbeeren und Pfirsich

Für 2 Portionen

Zubereitungszeit: 10 Minuten
Quellzeit: 12 Stunden

Nährwerte pro Portion:

472 kcal / 1977 kJ
18 g Eiweiß / 11 g Fett / 74 g KH / 13 g BS

Zutaten

100 g Heidelbeeren
200 g Joghurt (3,5 %)
200 g grobe Haferflocken
1 großer Pfirsich

Zubereitung

1 Heidelbeeren waschen. Einige Früchte zum Garnieren zur Seite legen.

2 Joghurt und restliche Heidelbeeren in einen Mixbehälter geben und mit dem Pürierstab cremig mixen. Die Haferflocken unterrühren und das Ganze auf zwei Schälchen verteilen.

3 Den Pfirsich waschen, entsteinen, klein schneiden und das Fruchtfleisch mit den vorher zur Seite gelegten Heidelbeeren auf der Joghurt-Haferflocken-Mischung verteilen. Abgedeckt über Nacht im Kühlschrank quellen lassen.

TIPP

Sie können statt frischer Heidelbeeren auch kurz vor der Zubereitung aufgetaute TK-Heidelbeeren verwenden.

Buntes Obstmüsli

Für 2 Portionen

Zubereitungszeit: 10 Minuten
Quellzeit: 20 Minuten

Nährwerte pro Portion:
491 kcal / 2058 kJ
14 g Eiweiß / 20 g Fett / 62 g KH / 9 g BS

Zutaten

250 g Joghurt (3,5 %)
50 ml frisch gepresster Orangensaft
¼ TL gemahlene Vanille
50 g feine Haferflocken
½ Granatapfel
1 Apfel
1 Pfirsich
6 Brombeeren
2 EL Haselnusskerne
1 EL ungesalzene Pistazienkerne
2 EL flüssiger Honig

Zubereitung

1 Joghurt mit Orangensaft, Vanille und Haferflocken in eine Schüssel geben, verrühren, in den Kühlschrank stellen und 20 Minuten quellen lassen.

2 In der Zwischenzeit die Kerne aus dem halben Granatapfel lösen. Apfel waschen, vierteln, Kerngehäuse entfernen und das Fruchtfleisch grob raspeln. Pfirsich waschen, halbieren, entsteinen und den Pfirsich in Spalten schneiden. Brombeeren waschen. Haselnuss- und Pistazienkerne grob hacken.

3 1 EL Honig, 1 EL gehackte Haselnüsse und den Apfel unter den Haferflockenjoghurt rühren. Anschließend die Hälfte des restlichen Obstes vorsichtig unterheben.

4 Das Müsli in zwei Schälchen anrichten und mit dem verbliebenen Obst, den restlichen gehackten Haselnüssen und den Pistazien garnieren. Mit Honig beträufeln und servieren.

TIPP

Wenn Sie mögen, rühren Sie vor dem Quellen noch 2 EL getrocknete Cranberrys in den Joghurt. Die kleinen roten Beeren sind sehr lecker und reich an Ballaststoffen.

Blinis mit Avocadocreme

Für 2 Portionen

Zubereitungszeit: 15 Minuten

Nährwerte pro Portion:
678 kcal / 2838 kJ
15 g Eiweiß / 39 g Fett / 67 g KH / 6 g BS

Zutaten

Für die Creme:
1 Tomate
1 reife Avocado
1 Knoblauchzehe
½ EL frisch gepresster Zitronensaft
Salz
frisch gemahlener schwarzer Pfeffer
Für die Blinis:
150 g Buchweizenmehl
½ Pck. Backpulver
1 Prise Salz
60 ml Milch
2 EL Rapsöl
100 g Feta

Zubereitung

1 Für die Creme Tomate waschen, vierteln und die Kerne entfernen. Tomatenfruchtfleisch fein würfeln. Avocado halbieren, den Stein entfernen, das Fruchtfleisch aus der Schale lösen und mit einer Gabel zerdrücken. Knoblauchzehe schälen, pressen und zu der Avocado geben. Tomatenstückchen mit Zitronensaft, Salz und Pfeffer mischen und unter die Avocadocreme rühren.

2 Für die Blinis Mehl mit Backpulver vermischen, Salz und Milch zugeben und zu einem dickcremigen Teig verrühren. Bei Bedarf noch weitere Milch zugeben.

3 Öl in einer kleinen Pfanne erhitzen, den Teig esslöffelweise hineingeben und von beiden Seiten goldbraun ausbacken.

4 Die Blinis mit der Avocadocreme anrichten und den Feta darüberbröckeln.

TIPP

Wenn Sie gern Fisch mögen, können Sie die Avocadocreme mit Räucherlachswürfeln verfeinern.

Pancakes mit Himbeeren

Für 2 Portionen

Zubereitungszeit: 15 Minuten
Quellzeit: 30 Minuten

Nährwerte pro Portion:

297 kcal / 1242 kJ
11 g Eiweiß / 14 g Fett / 32 g KH / 6 g BS

Zutaten

1 Ei
½ EL Zucker
125 ml Milch
75 g Weizenvollkornmehl
½ TL Backpulver
1 Msp. Zimt
1 Msp. gemahlener Kardamom
Rapsöl zum Ausbacken
100 g Himbeeren

Zubereitung

1 Ei mit Zucker in einer Schüssel cremig aufschlagen, Milch unterrühren. Mehl, Backpulver und Gewürze hinzugeben und alles zu einem glatten, dickflüssigen Teig verrühren. 30 Minuten quellen lassen.

2 Eine beschichtete Pfanne erhitzen und mit Öl einpinseln. Ewas Teig einfüllen und auf einer Seite ausbacken, bis der Teig an der Oberfläche trocken ist. Dann den Pancake vorsichtig wenden und auf der anderen Seite ausbacken. Nach und nach bei mittlerer Hitze 5–6 Pancakes ausbacken.

3 Die Pancakes mit den frischen Himbeeren servieren.

TIPP

Statt die Pancakes mit Himbeeren zu servieren, können Sie auch frische Apfelstückchen unter den Teig rühren und die Pancakes nach dem Ausbacken mit Ahornsirup beträufeln.

Vollkornbrot mit Walnussfrischkäse

Für 2 Portionen

Zubereitungszeit: 10 Minuten

Nährwerte pro Portion:
425 kcal / 1777 kJ
20 g Eiweiß / 19 g Fett / 43 g KH / 9 g BS

Zutaten

4 Scheiben Vollkornbrot
½ EL Butter
100 g körniger Frischkäse
60 g Magerquark
50 g grüne Oliven ohne Stein
25 g Walnusskerne
Salz
weißer Pfeffer
½ Msp. Paprikapulver edelsüß
½ TL Thymian

Zubereitung

1 Die Brote mit Butter bestreichen. Körnigen Frischkäse in einer Schüssel mit einer Gabel zerdrücken und mit dem Quark mischen. Oliven und zwei Drittel der Walnusskerne grob hacken.

2 Die gehackten Oliven und die gehackten Walnüsse unter den Frischkäse rühren, salzen und pfeffern.

3 Den Walnussfrischkäse auf die Brote streichen und mit etwas Paprikapulver und Thymian bestreuen. Die restlichen Walnusskerne darauf verteilen.

Avocado-Lachs-Brot

Für 2 Portionen

Zubereitungszeit: 15 Minuten

Nährwerte pro Portion:
265 kcal / 1111 kJ
13 g Eiweiß / 14 g Fett / 22 g KH / 7 g BS

Zutaten

1 TL schwarzer Sesam
½ Zitrone
3 Scheiben Räucherlachs
1 reife Avocado
Salz
frisch gemahlener schwarzer Pfeffer
2 Scheiben Vollkornbrot

Zubereitung

1 Sesam in einer beschichteten Pfanne ohne Fett rösten, bis es zu duften beginnt. Sesam herausnehmen und abkühlen lassen. Die Zitrone auspressen.

2 Avocado halbieren, Stein entfernen und das Fruchtfleisch mit einem Löffel aus der Schale lösen. Das Fruchtfleisch mit 1 EL Zitronensaft beträufeln, mit wenig Salz und Pfeffer würzen und mit einer Gabel leicht zerdrücken.

3 Die Brotscheiben mit dem Avocadomus bestreichen, den Lachs darauf verteilen und mit dem gerösteten Sesam bestreuen.

TIPP

Je nach Belieben und Verträglichkeit können Sie die Brotscheiben zusätzlich mit Frühlingszwiebelröllchen garnieren.

Vollkornbrot mit Sonnenblumenkernaufstrich

Für 2 Portionen

Zubereitungszeit: 10 Minuten
Ziehzeit: 1 Stunde

Nährwerte pro Portion:
344 kcal / 1438 kJ
11 g Eiweiß / 20 g Fett / 30 g KH / 7 g BS

Zutaten

50 g Sonnenblumenkerne
35 g schwarze Oliven ohne Stein
20 g Kapern
1 ½ EL Rapsöl
1 kleine Knoblauchzehe
frisch gemahlener schwarzer Pfeffer
2 Scheiben Vollkornbrot

Zubereitung

1 Sonnenblumenkerne in einer Pfanne ohne Fett rösten und abkühlen lassen. Sonnenblumenkerne fein hacken, Oliven grob hacken. Die gehackten Oliven mit Kapern und Öl in einem Mixbehälter zu einer Paste pürieren.

2 Die gehackten Sonnenblumenkerne unter die Paste rühren. Knoblauchzehe pressen, zu der Paste geben und alles pfeffern. Mindestens 1 Stunde im Kühlschrank gut durchziehen lassen.

3 Die Brote mit dem Sonnenblumenkernaufstrich bestreichen.

TIPP

Der Aufstrich lässt sich prima am Vorabend zubereiten. Am nächsten Morgen ist er richtig durchgezogen und schmeckt doppelt so gut.

Apfel-Lauch-Brot mit Majoran

Für 2 Portionen

Zubereitungszeit: 35 Minuten

Nährwerte pro Portion:
299 kcal / 1254 kJ
8 g Eiweiß / 3 g Fett / 58 g KH / 9 g BS

Zutaten

300 g mehlig kochende Kartoffeln
Salz
4 Stängel Majoran
1 kleine Stange Lauch
1 Apfel
1 TL Rapsöl
frisch gemahlener schwarzer Pfeffer
2 Scheiben Dinkelvollkornbrot

TIPP

Bereiten Sie den Aufstrich am Vorabend zu und stellen Sie ihn in den Kühlschrank. Über Nacht entwickelt er einen besonders aromatischen Geschmack.

Zubereitung

1 Kartoffeln mit Schale waschen und in kaltem Salzwasser aufsetzen. Wasser zum Kochen bringen und Kartoffeln je nach Größe 20–30 Minuten weich garen.

2 Majoran waschen und trockenschütteln. Die Blätter abzupfen und fein hacken.

3 Den Lauch waschen, den grünen Teil entfernen und den Rest in etwa 1 cm breite Streifen schneiden. Apfel waschen, halbieren, das Kerngehäuse entfernen und das Fruchtfleisch fein würfeln. Das Öl in einer beschichteten Pfanne erhitzen, Lauch darin mit geschlossenem Deckel bei schwacher Hitze etwa 10 Minuten weich dünsten. Apfel und Majoran zugeben und 1 Minute mitdünsten. Das Ganze mit Salz und Pfeffer würzen.

4 Die gegarten Kartoffeln abgießen, unter kaltem Wasser abschrecken, pellen und noch warm durch eine Kartoffelpresse in eine Schüssel drücken.

5 Die Apfel-Lauch-Mischung zu den gepressten Kartoffeln geben, gut unterrühren, salzen, pfeffern und abkühlen lassen. Die Brotscheiben mit dem Aufstrich bestreichen.

SALATE UND KLEINIGKEITEN

Apfel- und Birnenchips

Für 2 Portionen

Zubereitungszeit: 15 Minuten
Trockenzeit: 8 Stunden

Nährwerte pro Portion:

71 kcal / 296 kJ
1 g Eiweiß / 0 g Fett / 17 g KH / 3 g BS

Zutaten

125 g Äpfel
125 g feste Birnen

Zubereitung

1 Backofen auf 65 °C (Umluft) vorheizen. Äpfel und Birnen schälen und mit einem Apfelausstecher oder einem spitzen Messer die Kerngehäuse entfernen. Äpfel und Birnen mit einem Messer oder Gemüsehobel in 3–5 mm dünne Scheiben schneiden.

2 Die Scheiben auf ein mit Backpapier belegtes Blech legen und im vorgeheizten Backofen bei leicht geöffneter Tür (Kochlöffelstiel zwischen Backofen und Tür klemmen) zunächst 30 Minuten bei 65 °C (Umluft), dann 3–8 Stunden bei 50 °C (Ober-/Unterhitze) trocknen, bis die Chips die gewünschte Konsistenz haben. Die fertigen Chips sind zunächst noch weich und werden erst nach dem Abkühlen knusprig.

TIPPS

Alternativ können Sie das Kerngehäuse entfernen, indem Sie die Früchte zuerst in Scheiben schneiden, um dann die harten Stellen des Kerngehäuses abzuschneiden. Damit die Chips knusprig bleiben, bewahren Sie sie luftdicht verschlossen in einer Plastiktüte, in einem Glas oder einer Dose auf. Weich gewordene Chips können Sie einige Minuten in den Backofen geben – so werden sie wieder knackig.

Grünkohlchips mit Paprika

Für 2 Portionen

Zubereitungszeit: 10 Minuten
Trockenzeit: 40 Minuten

Nährwerte pro Portion:

245 kcal / 1026 kJ
1026 g Eiweiß / 24 g Fett / 3 g KH / 5 g BS

Zutaten

250 g Grünkohlblätter
3 EL Olivenöl
½ TL Salz
½ TL Paprikapulver edelsüß oder rosenscharf

Zubereitung

1 Die harten Blattrippen aus den Grünkohlblättern schneiden und die Blätter in grobe Stücke zupfen. Dann die Stücke gut waschen und gründlich trocken schleudern.

2 Den Backofen auf 130 °C (Umluft) vorheizen. Öl mit Salz und Paprikapulver in einer Schüssel vermischen, die Grünkohlstücke hinzugeben und alles mit den Händen gründlich durchmengen, bis die Grünkohlstücke von allen Seiten gut benetzt sind.

3 Grünkohlstücke auf einem mit Backpapier belegten Blech verteilen. Dabei darauf achten, dass sie etwas Abstand zueinander haben und sich nicht überlappen. 30–40 Minuten im leicht geöffneten Backofen trocknen. Dafür den Kochlöffelstiel zwischen Tür und Backofen klemmen oder die Backofentür mehrmals kurz ganz öffnen, damit der Wasserdampf entweichen kann.

TIPP

Lagern Sie die Grünkohlchips trocken und luftdicht – so bleiben sie schön knusprig.

Dattel-Frischkäse-Dip

Für 6 Portionen

Zubereitungszeit: 10 Minuten

Nährwerte pro Portion:
256 kcal / 1110 kJ
7 g E / 18 g F / 20 g KH / 2 g BS

Zutaten

50 g Cashewkerne
150 g entsteinte getrocknete Datteln
250 g Doppelrahmfrischkäse
50 ml Milch
1 TL scharfer Senf
1 TL Curry
Salz
frisch gemahlener schwarzer Pfeffer

Zubereitung

1 Die Cashewkerne in einer Pfanne ohne Fett rösten, bis sie zu duften beginnen.

2 Die Datteln fein hacken, zusammen mit Frischkäse, Milch, Senf und Curry in einen Mixbehälter geben und fein pürieren. Mit Salz, Pfeffer und Curry abschmecken.

3 Den Dip in ein Schälchen geben, die Cashewkerne grob hacken und darüberstreuen.

Rote-Bete-Bohnen-Dip

Für 4 Portionen

Zubereitungszeit: 25 Minuten

Nährwerte pro Portion:
241 kcal / 1008 kJ
10 g Eiweiß / 14 g Fett / 18 g KH / 4 g BS

Zutaten

250 g weiße Bohnen (Dose)
200 g gegarte Rote Bete (vakuumverpackt)
6 EL Joghurt (3,5 %)
3 EL Tahin (Sesampaste)
1 EL frisch gepresster Zitronensaft
Salz
frisch gemahlener schwarzer Pfeffer
2 EL Olivenöl
Cayennepfeffer

Zubereitung

1 Bohnen in ein Sieb abgießen, kalt abbrausen und abtropfen lassen. Rote Bete würfeln und mit den Bohnen, der Hälfte des Joghurts, dem Tahin und dem Zitronensaft in einem Mixbehälter fein pürieren. Mit Salz und Pfeffer abschmecken.

2 Den Dip auf einem Teller flach ausstreichen. Mit restlichem Joghurt, Olivenöl und Cayennepfeffer anrichten.

TIPP

Der Dip schmeckt gut zu Vollkornbaguette oder -grissini. Empfehlenswert ist er aber nur, wenn Sie keine Probleme mit Blähungen haben..

Rotes Walnusspesto

Für 6 Portionen

Zubereitungszeit: 15 Minuten

Nährwerte pro Portion:
315 kcal / 1320 kJ
8 g E / 32 g F / 4 g KH / 2 g BS

Zutaten

1 Schalotte
1 haselnussgroßes Stück Ingwer
2 Knoblauchzehen
100 ml Olivenöl
100 g Walnusskerne
1 EL Tomatenmark
100 g Parmesan
250 g getrocknete Tomaten in Öl

Zubereitung

1 Schalotte, Ingwer und Knoblauch schälen und klein schneiden. In einer Pfanne 1 EL Öl erhitzen, darin Schalotte, Ingwer und Knoblauch anbraten.

2 Walnüsse in einer zweiten Pfanne ohne Fett unter ständigem Rühren rösten, bis sie zu duften beginnen.

3 Tomatenmark zu den Schalotten geben, kurz mit anbraten, dann alles in einen Mixbehälter geben. Walnüsse, Parmesan und getrocknete Tomaten dazugeben und alles fein pürieren.

Grünes Pesto

Für 250 Gramm (ca. 8 Portionen)

Zubereitungszeit: 15 Minuten

Nährwerte pro Portion:
156 kcal / 654 kJ
6 g Eiweiß / 12 g Fett / 6 g KH / 2 g BS

Zutaten

20 g Pinienkerne
2 Knoblauchzehen
3 EL weiße Bohnen (Dose)
2 EL Olivenöl
3 Bund Basilikum
25 g Parmesan
Salz
frisch gemahlener schwarzer Pfeffer

Zubereitung

1 Eine Pfanne erhitzen und die Pinienkerne drin ohne Fett goldbraun rösten. Den Knoblauch schälen und grob hacken. Die Bohnen in ein Sieb abgießen, kalt abbrausen und gut abtropfen lassen.

2 Pinienkerne, Bohnen und Knoblauch mit dem Olivenöl in einen Mixbehälter geben und fein pürieren.

3 Basilikum waschen, trocken schütteln und die Blättchen abzupfen. Die Blättchen grob hacken, zu der Paste geben und nochmals kurz pürieren.

4 Parmesan fein reiben und unter das Pesto rühren. Mit Salz und Pfeffer abschmecken.

Nudelsalat mit Zucchini und Walnüssen

Für 2 Personen

Zubereitungszeit: 30 Minuten
Zeit zum Durchziehen: 30 Minuten

Nährwerte pro Portion:
416 kcal / 1742 kJ
15 g Eiweiß / 24 g Fett / 34 g KH / 8 g BS

Zutaten

Für das Dressing:
3–4 Stängel Basilikum
1 EL Olivenöl
30 g Parmesan
Salz
frisch gemahlener schwarzer Pfeffer
1 EL Rotweinessig

Für den Salat:
100 g Vollkornnudeln (Farfalle, Penne oder Fusilli)
Salz
100 g Zucchini
30 g Walnusskerne

Zubereitung

1 Für das Dressing Basilikum waschen, trocken schütteln, die Blättchen abzupfen und mit allen anderen Dressingzutaten verrühren.

2 Für den Salat reichlich Salzwasser zum Kochen bringen und die Nudeln nach Packungsanleitung al dente kochen. Nudeln in ein Sieb abgießen, mit kaltem Wasser abschrecken und abtropfen lassen.

3 Zucchini waschen, längs vierteln und in feine Scheiben schneiden. Walnusskerne grob hacken.

4 Nudeln, Zucchini und die gehackten Nüsse mit dem Dressing gut vermischen. Den Nudelsalat vor dem Servieren abkühlen und gut durchziehen lassen.

Pikanter Sauerkrautsalat

Für 2 Personen

Zubereitungszeit: 20 Minuten
Zeit zum Durchziehen: 30 Minuten

Nährwerte pro Portion:
242 kcal / 1013 kJ
3 g Eiweiß / 16 g Fett / 21 g KH / 5 g BS

Zutaten

Für das Dressing:
½ Zitrone
2 EL Rapsöl
1 EL Honig
Basilikum
Thymian
frisch gemahlener schwarzer Pfeffer
Salz
frisch geriebener Meerrettich oder Meerrettich aus dem Glas
Für den Salat:
250 g frisches Sauerkraut
150 g Äpfel
1 Frühlingszwiebel
½ Gewürzgurke

Zubereitung

1 Für das Dressing die Zitrone auspressen. Zitronensaft mit Öl und Honig in eine Schüssel geben und cremig rühren. Mit den Kräutern, Gewürzen und dem Meerrettich pikant abschmecken.

2 Für den Salat das Sauerkraut fein schneiden und mit dem Sauerkrautsaft unter das Dressing rühren. Äpfel waschen, Kerngehäuse entfernen und das Fruchtfleisch fein würfeln. Frühlingszwiebel waschen und in feine Ringe schneiden, Gurke fein würfeln. Alles zum Sauerkraut geben und gut mischen.

3 Den Salat zugedeckt 30 Minuten ziehen lassen. Vor dem Servieren nochmals gut durchmischen und abschmecken.

Roter Heringssalat

Für 2 Portionen

Zubereitungszeit: 15 Minuten
Zeit zum Durchziehen: 12 Stunden

Nährwerte pro Portion:

349 kcal / 1462 kJ
17 g Eiweiß / 25 g Fett / 13 g KH / 3 g BS

Zutaten

2 Heringsfilets
1 Rote Bete (gegart und vakuumverpackt)
½ säuerlicher Apfel (z. B. Boskop)
2 Gewürzgurken
1 Frühlingszwiebel

Für das Dressing:

½ Zitrone
1 ½ EL Mayonnaise
50 g Joghurt (3,5 %)
frisch gemahlener schwarzer Pfeffer
½ EL Apfelessig
½ EL Rapsöl
1 Zweig Dill

Zubereitung

1 Heringsfilets in mundgerechte Stücke schneiden. Rote Bete würfeln. Apfel waschen, vierteln, Kerngehäuse entfernen und das Fruchtfleisch fein würfeln. Gurken ebenfalls fein würfeln. Frühlingszwiebel waschen und in feine Ringe schneiden. Alles in eine Schüssel geben.

2 Für das Dressing die Zitrone auspressen. Alle Zutaten für das Dressing mit dem Schneebesen verquirlen, zu den Salatzutaten geben und gut vermengen.

3 Heringssalat über Nacht im Kühlschrank zugedeckt durchziehen lassen. Mit etwas Dill garnieren und servieren.

Apfel-Möhren-Salat

Für 2 Portionen

Zubereitungszeit: 15 Minuten

Nährwerte pro Portion:

223 kcal / 934 kJ
1 g Eiweiß / 8 g Fett / 35 g KH / 6 g BS

Zutaten

2 Möhren
2 Äpfel

Für das Dressing:

1 EL Rapsöl
3 EL frisch gepresster Zitronensaft
4 EL Apfelsaft
frisch gemahlener Pfeffer
Salz

Zubereitung

1 Möhren waschen und schälen. Äpfel waschen, vierteln und die Kerngehäuse entfernen. Möhren und Äpfel grob raspeln.

2 Für das Dressing Öl, Zitronensaft und Apfelsaft mit dem Schneebesen verquirlen und mit Pfeffer und Salz abschmecken.

3 Die geraspelten Möhren und Äpfel zu dem Dressing geben und den Apfel-Möhren-Salat gut durchmischen.

Brokkolisalat mit Hähnchen und Tomaten

Für 2 Portionen

Zubereitungszeit: 15 Minuten

Nährwerte pro Portion:
336 kcal / 1409 kJ
33 g Eiweiß / 16 g Fett / 15 g KH / 6 g BS

Zutaten

200 g Hähnchenfilet
½ EL Öl
½ TL Salz
frisch gemahlener schwarzer Pfeffer
200 g Brokkoli
50 g Salatmix
½ Granatapfel
100 g Kirschtomaten
25 g Haselnusskerne

Für das Dressing:
125 g Joghurt (3,5 %)
1 EL Honigsenf
1 Prise Salz

Zubereitung

1 Hähnchenfilet in 1 cm breite Streifen schneiden. Öl in einer Pfanne erhitzen und das Fleisch darin bei mittlerer Hitze ca. 5 Minuten braten, dann salzen und pfeffern.

2 Den Brokkoli waschen, in Röschen schneiden, in eine große Schüssel geben und mit kochendem Wasser übergießen. Die Brokkoliröschen etwa 5 Minuten in dem kochenden Wasser ziehen lassen, dann herausnehmen und abkühlen lassen. Den Salatmix waschen und trocken schleudern.

3 Für das Dressing Joghurt, Senf und Salz verrühren. Dann das Dressing mit den Brokkoliröschen vermengen und die Röschen auf den Salatblättern verteilen.

4 Die Granatapfelkerne herauslösen. Kirschtomaten waschen, halbieren, und mit den Granatapfelkernen und den Hähnchenstreifen auf dem Brokkoli verteilen.

5 Die Haselnusskerne grob hacken. Eine Pfanne erhitzen und die Haselnüsse darin ohne Fett bei starker Hitze rösten, bis sie aromatisch zu duften beginnen. Dann bei mittlerer Hitze unter ständigem Schwenken der Pfanne so lange rösten, bis sie goldbraun sind. Den Brokkolisalat mit den Haselnüssen bestreuen.

Gebackener Brokkoli-Linsen-Salat

Für 2 Portionen

Zubereitungszeit: 30 Minuten
Kochzeit: 25 Minuten
Backzeit: 25 Minuten

Nährwerte pro Portion:
435 kcal / 1824 kJ
21 g Eiweiß / 23 g Fett / 36 g KH / 14 g BS

Zutaten

75 g Beluga-Linsen
500 g Brokkoli
1 Biozitrone
25 g Sultaninen
25 g Sesam
1 EL Curry
2 Msp. gemahlener Kreuzkümmel
½ TL Salz
2 EL Öl

Zubereitung

1 Die Linsen mit der doppelten Menge Wasser in einen Topf geben, aufkochen lassen und bei schwacher Hitze 25 Minuten garen lassen. Anschließend in ein Sieb abgießen und gut abtropfen lassen.

2 Den Backofen auf 180 °C (Ober-/Unterhitze) vorheizen. Den Brokkoli waschen, gut trocknen und in Röschen schneiden. Die Zitrone halbieren und eine Hälfte in ½ cm dicke Scheiben schneiden. Brokkoli und Zitronenscheiben mit Sultaninen, Sesam, Curry, Kreuzkümmel, Salz und Öl vermischen. Alle Zutaten auf einem mit Backpapier ausgelegten Blech verteilen und 25 Minuten im heißen Backofen rösten. Nach 15 Minuten wenden.

3 Brokkolimischung aus dem Backofen nehmen und mit den Linsen in einer Schüssel vermischen. Die andere Zitronenhälfte auspressen. Den Brokkoli-Linsen-Salat mit dem Zitronensaft abschmecken.

TIPP

Kreuzkümmel hat eine verdauungsfördernde Wirkung. Wenn Sie keinen Kreuzkümmel mögen, lassen Sie ihn einfach weg.

SUPPEN

Sauerkraut-Kartoffel-Suppe mit Äpfeln

Für 2 Portionen

Zubereitungszeit: 1 Stunde 20 Minuten

Nährwerte pro Portion:
386 kcal / 1616 kJ
7 g Eiweiß / 18 g Fett / 41 g KH / 8 g BS

Zutaten

1 kleine Zwiebel
1 EL Rapsöl
2 TL Weizenvollkornmehl
½ TL Paprikapulver edelsüß
350 ml Gemüsebrühe
250 g Sauerkraut (Dose)
1 Lorbeerblatt
½ TL Kümmel
75 ml trockener Weißwein
Salz
frisch gemahlener schwarzer Pfeffer
200 g festkochende Kartoffeln
1 Stängel Majoran
1 säuerlicher Apfel (z. B. Boskop)
1 EL Zitronensaft
1 EL Butter

Zubereitung

1 Für die Suppe die Zwiebel schälen, halbieren und in Streifen schneiden. Das Öl in einem Topf erhitzen und die Zwiebel darin glasig dünsten. Mehl und Paprikapulver unterrühren und etwas Farbe annehmen lassen, dann mit der Brühe ablöschen und mit einem Schneebesen verrühren. Sauerkraut, Lorbeerblatt, Kümmel und Wein zugeben, unterrühren, salzen, pfeffern und bei mittlerer Hitze 40–45 Minuten köcheln lassen.

2 In der Zwischenzeit die Kartoffeln schälen und in kleine Würfel schneiden. Majoran waschen, trocken schütteln und die Blättchen abzupfen. Apfel waschen, vierteln, Kerngehäuse entfernen, das Fruchtfleisch würfeln und sofort mit dem Zitronensaft beträufeln.
15 Minuten vor Ende der Garzeit der Sauerkrautsuppe die Kartoffeln in den Topf geben und weitergaren.

3 Die Butter in einer beschichteten Pfanne bei mittlerer Hitze schmelzen, Äpfel hinzugeben und von beiden Seiten anbraten. Mit Salz und Pfeffer würzen. Lorbeerblatt aus der Suppe nehmen, die Suppe noch einmal abschmecken. Suppe in tiefe Teller füllen, mit den Majoranblättchen und den Äpfeln garnieren und servieren.

Grüner Gazpacho mit Croûtons

Für 2 Portionen

Zubereitungszeit: 15 Minuten

Nährwerte pro Portion:
280 kcal / 1171 kJ
6 g Eiweiß / 20 g Fett / 18 g KH / 6 g BS

Zutaten

Für die Croûtons:
50 g Vollkorn-Ciabatta
1 EL Olivenöl
½ Bund Petersilie
1 Msp. Salz

Für die Suppe:
1 grüne Paprikaschote
½ grüne Chili
60 g Blattspinat
1 kleine Zucchini
½ Salatgurke
1 Knoblauchzehe
1 TL Salz
2 EL Weißweinessig
1–2 EL Olivenöl
1 Handvoll Eiswürfel

Zubereitung

1 Für die Croûtons Ciabatta in 1 cm große Würfel schneiden. Öl in einer Pfanne erhitzen und das Brot darin bei mittlerer Hitze 8 Minuten rundherum goldbraun rösten. Petersilie waschen, trocken schütteln und fein hacken. Pfanne vom Herd nehmen, die Petersilie mit den Croûtons mischen und salzen.

2 Für die Suppe Paprika und Chili waschen, halbieren, Samen und Scheidewände entfernen und klein schneiden. Spinat waschen und trocken schleudern. Zucchini, und Gurke waschen und zusammen mit dem Spinat grob zerkleinern. Knoblauch schälen und pressen.

3 Alle Zutaten für die Suppe in einen Mixbehälter geben und fein pürieren. Gazpacho mit den vorbereiteten Kräuter-Croûtons servieren.

Sellerie-Apfel-Suppe mit Walnüssen

Für 2 Portionen

Zubereitungszeit: 40 Minuten

Nährwerte pro Portion:
422 kcal / 1767 kJ
5 g Eiweiß / 36 g Fett / 19 g KH / 6 g BS

Zutaten

1 Schalotte
1 ½ Äpfel
100 g Knollensellerie
1 EL Butter zum Dünsten
300–400 ml Gemüsebrühe
100 g Sahne
¼ TL Curry
Salz
frisch gemahlener schwarzer Pfeffer
frisch geriebene Muskatnuss
2 EL grob gehackte Walnusskerne

Zubereitung

1 Schalotte schälen und fein hacken. Äpfel waschen, einen ganzen Apfel vierteln, Kerngehäuse entfernen und das Fruchtfleisch in kleine Würfel schneiden. Sellerie schälen und fein würfeln.

2 Butter in einem Topf erhitzen, schmelzen lassen und die Schalotte darin 10 Minuten glasig dünsten. Sellerie und Apfel zugeben und kurz mitdünsten. Alle Zutaten knapp mit Gemüsebrühe bedecken und zugedeckt bei mittlerer Hitze etwa 20 Minuten sehr weich dünsten. Die Suppe etwas abkühlen lassen, dann pürieren.

3 Nun noch so viel der restlichen Gemüsebruhe zugießen, bis eine cremige Konsistenz entsteht. Suppe erhitzen, aber nicht mehr aufkochen lassen, dann die Sahne zugeben und mit Curry, Salz, Pfeffer und Muskat abschmecken.

4 Den halben Apfel in dünne Schnitze schneiden. Die Sellerie-Apfel-Suppe in zwei tiefe Teller füllen und mit den Apfelschnitzen und den grob gehackten Walnüssen garnieren.

Einfache Linsensuppe mit Kartoffeln

Für 2 Portionen

Zubereitungszeit: 50 Minuten

Nährwerte pro Portion:

227 kcal / 951 kJ
17 g Eiweiß / 2 g Fett / 35 g KH / 8 g BS

Zutaten

125 g braune Linsen
1 Möhre
2 festkochende Kartoffeln
½ Zwiebel
1 Lorbeerblatt
1 EL Gemüsebrühe
Salz
frisch gemahlener schwarzer Pfeffer
Kräuter- oder Apfelessig

Zubereitung

1 Die Linsen in ein Sieb geben und unter fließendem Wasser kalt abbrausen. Möhre, Kartoffeln und Zwiebel schälen und fein würfeln.

2 Gemüse, Linsen, Lorbeerblatt und Gemüsebrühe in einen großen Topf geben, mit 500 ml Wasser aufgießen und alles im geschlossenen Topf aufkochen lassen. Dann die Suppe bei schwacher bis mittlerer Hitze 40–45 Minuten köcheln lassen, bis die Linsen weich sind.

3 Wenn die Suppe zu dickflüssig ist, noch etwas Wasser zugeben. Das Lorbeerblatt aus der Suppe nehmen und die Suppe nach Bedarf mit Salz, Pfeffer, Gemüsebrühe sowie mit Essig abschmecken.

TIPP

Deutlich schneller geht es, wenn Sie die Suppe im Schnellkochtopf zubereiten. Dann beträgt die Kochzeit nur 15 Minuten.

Schwarzwurzelsuppe

Für 2 Portionen

Zubereitungszeit: 40 Minuten

Nährwerte pro Portion:
352 kcal / 1474 kJ
6 g Eiweiß / 30 g Fett / 14 g KH / 34 g BS

Zutaten

400 ml Gemüsebrühe
350 g Schwarzwurzeln
1 Scheibe Vollkorntoastbrot
½ EL Olivenöl
100 g Sahne
1 EL Butter
Salz
Cayennepfeffer
frisch geriebene Muskatnuss
frisch gepresster Zitronensaft
1 Zweig Petersilie

Zubereitung

1 Die Brühe in einen Topf geben und aufkochen lassen. In der Zwischenzeit Schwarzwurzeln unter fließendem Wasser gründlich abbürsten, schälen, schräg in Scheiben schneiden, in die heiße Brühe geben und ca. 20 Minuten köcheln lassen. Das Toastbrot entrinden und in feine Würfel schneiden.

2 Öl in einer Pfanne erhitzen und die Toastbrotwürfel darin goldbraun braten. Einige Schwarzwurzelstücke mit einer Schaumkelle aus der Brühe nehmen und zum Garnieren beiseitestellen.

3 Sahne und Butter in den Topf geben und die Suppe pürieren. Suppe mit Salz, Cayennepfeffer, Muskat und Zitronensaft kräftig abschmecken.

4 Die beiseitegelegten Schwarzwurzelscheiben auf zwei tiefe Teller verteilen. Die Teller mit der Schwarzwurzelsuppe auffüllen und die Suppe mit Croûtons und Petersilie bestreuen.

TIPP

Zum Schälen der Schwarzwurzeln tragen Sie am besten Gummihandschuhe. Denn der austretende Saft klebt hartnäckig an den Fingern und verfärbt sie braun.

Erbsen-Rosenkohl-Suppe

Für 2 Portionen

Zubereitungszeit: 30 Minuten

Nährwerte pro Portion:

351 kcal / 1467 kJ
16 g Eiweiß / 16 g Fett / 33 g KH / 14 g BS

Zutaten

1 Schalotte
1 Knoblauchzehe
300 g Rosenkohl
100 g mehlig kochende Kartoffeln
1 EL Butter
½ EL Gemüsebrühe
250 g TK-Erbsen
50 g Sahne
Salz
frisch gemahlener schwarzer Pfeffer
gehackte Petersilie

Zubereitung

1 Schalotte und Knoblauch schälen und fein würfeln. Rosenkohl waschen, halbieren, den Strunk entfernen und den Rosenkohl kreuzförmig einschneiden. Kartoffeln schälen und grob würfeln.

2 Butter in einem großen Topf erhitzen und schmelzen lassen. Schalotte, Knoblauch und Kartoffeln zugeben und 3–4 Minuten andünsten. Dann 500 ml Wasser, die Brühe und den Rosenkohl dazugeben und aufkochen lassen. Die Suppe zugedeckt bei mittlerer Hitze ca. 12 Minuten köcheln lassen.

3 Anschließend Erbsen und Sahne in den Topf geben, die Suppe erneut aufkochen lassen und 3–4 Minuten köcheln lassen.

4 Topf vom Herd nehmen, einige Erbsen für die Deko aus der Suppe herausfischen und den Rest der Suppe mit dem Pürierstab fein pürieren. Mit Salz und Pfeffer abschmecken. Suppe in zwei tiefe Teller geben und mit Erbsen und Petersilie dekorieren.

Apfel-Kürbis-Suppe

Für 2 Portionen

Zubereitungszeit: 40 Minuten

Nährwerte pro Portion:

515 kcal / 2157 kJ
10 g E / 24 g F / 63 g KH / 13 g BS

Zutaten

300 g Kürbis
½ Zwiebel
½ Apfel
1 EL Butter
½ EL Zucker
Salz
frisch gemahlener weißer Pfeffer
1 ½ EL Weißweinessig
200 ml Gemüsebrühe
4 Scheiben Vollkornbaguette
Kürbiskernöl zum Beträufeln

Zubereitung

1 Den Kürbis von den Kernen befreien, schälen und in feine Scheiben schneiden. Zwiebel schälen und fein würfeln. Apfel schälen und das Kerngehäuse entfernen. Das Fruchtfleisch in Scheiben schneiden.

2 Die Butter in einem Topf zerlassen und die Zwiebel darin bei mittlerer Hitze 2 Minuten leicht andünsten. Kürbis, Apfel und Zucker zugeben und weitere 2 Minuten dünsten, dann mit Salz und Pfeffer würzen. Essig, Brühe und 250 ml Wasser zugießen. Im geschlossenen Topf 20 Minuten köcheln lassen.

3 Den Backofen auf 200 °C Ober-/Unterhitze vorheizen. Die Brotscheiben auf ein Blech legen und im Ofen 4–5 Minuten goldbraun backen.

4 Die Suppe fein pürieren und abschmecken. Auf tiefe Teller verteilen und mit etwas Kürbiskernöl beträufeln. Die Brotscheiben grob zerbröseln und über die Suppe streuen.

TIPP

Für die Suppe können Sie jede Kürbissorte verwenden. Besonders aromatisch sind Hokkaido-, Butternut- und Muskatkürbis. Den Hokkaidokürbis können Sie sogar mitsamt der Schale verarbeiten.

Kartoffelcremesuppe

Für 2 Portionen

Zubereitungszeit: 35 Minuten

Nährwerte pro Portion:
497 kcal / 2082 kJ
7 g E / 35 g F / 39 g KH / 5 g BS

Zutaten

400 g Kartoffeln
2 EL Olivenöl
frisch gemahlener schwarzer Pfeffer
2 Stängel Majoran
400 ml Gemüsebrühe
100 g Sahne
1 Lorbeerblatt
1 Möhre
100 g Kohlrabi
Salz
frisch geriebene Muskatnuss

Zubereitung

1 Kartoffeln schälen und in Würfel schneiden. ½ EL Öl in einem Topf erhitzen und die Kartoffeln darin bei schwacher Hitze etwa 5 Minuten dünsten, dann pfeffern.

2 Majoran waschen. Brühe und Sahne unter die Kartoffeln rühren und 1 Stängel Majoran sowie das Lorbeerblatt zugeben. Alles aufkochen und mit geschlossenem Deckel bei mittlerer Hitze etwa 20 Minuten garen.

3 In der Zwischenzeit für das Topping Möhre und Kohlrabi schälen und sehr fein würfeln. In einer kleinen Pfanne im restlichen Öl (1 ½ EL) etwa 5 Minuten unter Rühren dünsten. Vom zweiten Majoranzweig die Blätter abzupfen und fein hacken. Den Majoran zum Gemüse geben, alles mit Salz und Pfeffer würzen.

4 Lorbeerblatt und Majoranzweig aus der Suppe entfernen und die Suppe mit dem Pürierstab fein pürieren. Mit Salz, Pfeffer und Muskat würzen.

5 Die Suppe auf tiefe Teller verteilen und mit den Gemüsewürfeln bestreuen.

HAUPTGERICHTE

Kichererbseneintopf mit Huhn

Für 2 Portionen

Zubereitungszeit: 35 Minuten

Nährwerte pro Portion:
685 kcal / 2864 kJ
45 g Eiweiß / 42 g Fett / 32 g KH / 10 g BS

Zutaten

½ rote Zwiebel
1 Stück Ingwer (1 cm)
1 Knoblauchzehe
1 Dose Kichererbsen (265 g)
2 EL Rapsöl
500 ml Gemüsebrühe
250 g Hähnchenbrustfilet
25 g gemahlene Mandeln
Salz
frisch gemahlener schwarzer Pfeffer
2 TL Curry
frisch gepresster Limettensaft
125 g TK-Prinzessbohnen
2 TL Olivenöl zum Beträufeln
grober Pfeffer zum Bestreuen

TIPP

Wenn Sie mögen, streuen sie noch etwas frischen, fein gehackten Koriander über den Kichererbseneintopf.

Zubereitung

1 Zwiebel, Ingwer und Knoblauch schälen und fein würfeln. Kichererbsen in ein Sieb geben, kalt abbrausen und abtropfen lassen.

2 1 EL Öl in einem Topf erhitzen. Zwiebel, Ingwer und Knoblauch darin 10 Minuten andünsten. Dann die Kichererbsen zugeben und ca. 3 Minuten mitdünsten. Mit Gemüsebrühe ablöschen und alles etwa 15 Minuten köcheln lassen.

3 Das Hähnchenbrustfilet in mundgerechte Stücke schneiden. 1 EL Öl in einer Pfanne erhitzen und das Fleisch darin unter Wenden ca. 4 Minuten braten.

4 Die Suppe fein pürieren, die gemahlenen Mandeln unterrühren und mit Salz, Pfeffer und Curry würzen. Mit Limettensaft abschmecken, die Bohnen zugeben und 4–5 Minuten köcheln lassen.

5 Das Fleisch in die Suppe geben und die Suppe kurz aufkochen lassen. Den Kichererbseneintopf auf zwei tiefe Teller verteilen, mit Olivenöl beträufeln und mit grobem Pfeffer bestreuen.

Linsen-Gemüse-Pfanne mit Minzjoghurt

Für 2 Portionen

Zubereitungszeit: 50 Minuten
Einweichzeit: 2 Stunden

Nährwerte pro Portion:
589 kcal / 2462 kJ
35 g Eiweiß / 16 g Fett / 73 g KH / 21 g BS

Zutaten

200 g grüne Linsen
Salz
75 g Lauch
250 g Möhren
175 g Sellerie
1 EL Butter
1–2 EL Currysoße
50–100 ml Gemüsebrühe
Für den Minzjoghurt:
1 Bund Minze
350 g Joghurt (3,5 %)
Salz
frisch gemahlener schwarzer Pfeffer

TIPP

Linsen bieten viele gute Inhaltsstoffe. Wenn es mal schnell gehen soll, greifen Sie zu vorgegarten Linsen aus der Dose.

Zubereitung

1 Die Linsen 1–2 Stunden in reichlich kaltem Wasser einweichen. Dann in ein Sieb abgießen und abbrausen. Linsen in einen Topf geben und mit Wasser bedecken, aufkochen lassen und bei schwacher Hitze 30 Minuten köcheln lassen, dann salzen.

2 Lauch waschen und in dünne Ringe schneiden. Möhren waschen, schälen und vierteln, Sellerie schälen und fein würfeln.

3 Die Butter in einer erhitzten Pfanne zerlassen, die Currysoße hinzugeben und andünsten, bis es aromatisch zu duften beginnt. Lauch, Möhren und Sellerie in die Pfanne geben und mitdünsten. Mit Gemüsebrühe ablöschen und das Gemüse leicht bissfest garen. Die Flüssigkeit nach Belieben einkochen lassen.

4 Für den Minzjoghurt die Minze waschen, trocken schütteln, die Blättchen abzupfen und hacken. Minze und Joghurt in eine Schüssel geben, verrühren und mit Salz und Pfeffer würzen.

5 Linsen in die Pfanne geben, unter das Gemüse mischen und abschmecken. Den Minzjoghurt zur Linsen-Gemüse-Pfanne servieren.

Vegetarische Wirsingrouladen

Für 2 Portionen

Zubereitungszeit: 40 Minuten

Nährwerte pro Portion:
377 kcal / 1572 kJ
12 g Eiweiß / 17 g Fett / 42 g KH / 6 g BS

Zutaten

150 g Vollkornreis (Basmati)
2 Frühlingszwiebeln
1 Knoblauchzehe
1 EL Butter zum Dünsten
1 EL Tomatenmark
2 EL Korinthen
1 EL Mandelblättchen
1 TL gemahlener Kreuzkümmel
1 Msp. Zimt
1 EL gehackte Petersilie
8 große Wirsingblätter
250 ml Gemüsebrühe
Für die Joghurtsoße:
1 TL gehackte Minze (frisch)
180 g Joghurt (3,5 %)
1 TL gemahlener Kreuzkümmel

Zubereitung

1 Den Reis nach Packungsanleitung kochen und abkühlen lassen.

2 In der Zwischenzeit die Frühlingszwiebeln waschen und in feine Ringe schneiden. Knoblauch schälen und fein hacken.

3 Butter in einem mittelgroßen Topf erhitzen. Frühlingszwiebeln und Knoblauch 5–10 Minuten in der Butter andünsten, dann das Tomatenmark zugeben und kurz mitdünsten. Korinthen, Mandelblättchen, Kreuzkümmel, Zimt, Petersilie sowie den gekochten Reis zugeben und alles mischen.

4 Den Backofen auf 200 °C (Ober-/Unterhitze) vorheizen. Die Wirsingblätter waschen, Wasser in einem Topf zum Kochen bringen, die Wirsingblätter 10 Minuten in dem kochenden Wasser blanchieren, mit einem Schöpflöffel herausnehmen, kalt abschrecken und in einem Sieb abtropfen lassen. Die Wirsingblätter längs halbieren und die Blattrippen wegschneiden.

5 Je ca. 1 EL der vorbereiteten Füllung auf den Blättern verteilen. Die kurzen Seiten der Blätter über die Füllung schlagen und die Blätter zu einer Roulade aufrollen. Die Rouladen mit der offenen Seite nach unten in eine feuerfeste Auflaufform legen. Brühe dazugeben und die Form abdecken. Wirsingrouladen im heißen Ofen 25 Minuten schmoren lassen.

6 Für die Joghurtsoße Minze mit Joghurt und Kreuzkümmel verrühren. Zu den Rouladen servieren.

Linsenbratlinge mit Quarkdip

Für 2 Portionen

Zubereitungszeit: 30 Minuten

Nährwerte pro Portion:

661 kcal / 2767 kJ
39 g Eiweiß / 22 g Fett / 75 g KH / 14 g BS

Zutaten

150 g rote Linsen
1 Knoblauchzehe
1 Ei
3 EL Dinkelvollkornmehl
4 EL zarte Haferflocken
Salz
frisch gemahlener schwarzer Pfeffer
½ TL Kräuter der Provence
1 Prise Cayennepfeffer
2 EL Olivenöl
150 g Magerquark

Zubereitung

1 Linsen in einen Topf geben, die doppelte Menge an Wasser hinzufügen, aufkochen lassen und 12–15 Minuten weich garen. Linsen in ein Sieb abgießen und abkühlen lassen.

2 Knoblauch schälen und hacken. Linsen mit Knoblauch, Ei, Mehl und Haferflocken in einer Schüssel vermischen, mit Salz, Pfeffer, Kräutern und Cayennepfeffer würzen. Die Linsenmasse zu 6–8 Bratlingen formen.

3 Das Öl in einer Pfanne erhitzen und die Bratlinge darin etwa 5 Minuten von beiden Seiten goldbraun braten.

4 Für den Dip den Quark mit 2–3 EL Wasser verrühren, mit Salz, Pfeffer und Cayennepfeffer würzen. Die Bratlinge mit dem Quarkdip servieren

TIPP

Toll schmeckt es auch, wenn Sie Tomatenwürfel als Topping auf den Quark geben.

Lauchquiche

Für 1 Springform (26 cm Ø, 4 Portionen)

Zubereitungszeit: 30 Minuten
Backzeit: 50 Minuten

Nährwerte pro Portion:

585 kcal / 2447 kJ

23 g Eiweiß / 37 g Fett / 39 g KH / 8 g BS

Zutaten

Für den Teig:

100 g Weizenvollkornmehl
50 g Roggenvollkornmehl
2 TL Backpulver
1 Ei
100 g Joghurt (3,5 %)
2 EL Rapsöl
1 TL Salz
Öl für die Form

Für den Belag:

500 g Lauch
2 EL Rapsöl
1 TL Curry
50 g Gruyère
250 g saure Sahne
3 Eier
50 g Weizenvollkornmehl
Salz
frisch gemahlener schwarzer Pfeffer
frisch geriebene Muskatnuss
1 TL Kümmel

Zubereitung

1 Den Lauch gründlich waschen und in feine Ringe schneiden. Das Öl in einem Topf erhitzen und den Lauch darin ca. 10 Minuten dünsten. Mit Curry würzen.

2 Den Backofen auf 180 °C (Ober-/Unterhitze) vorheizen. Alle Zutaten für den Teig in einer Schüssel vermischen. Eine Springform einfetten und den Teig mit angefeuchteten Händen in der Springform verteilen. Einen Teigrand von ca. 2 cm hochziehen.

3 Den Käse reiben. Die saure Sahne mit Eiern und Mehl in eine Schüssel geben, verquirlen, den Käse einrühren. Die Masse mit Salz, Pfeffer, Muskat und Kümmel würzen, den Lauch zugeben und alles gut vermengen. Die Masse gleichmäßig auf dem vorbereiteten Teigboden verteilen.

4 Die Lauchquiche im heißen Backofen ca. 50 Minuten goldbraun backen.

HINWEIS

Lauch kann zu Blähungen führen. Wer dazu neigt, sollte ihn so lange dünsten, bis er sehr weich ist. So wird er in der Regel besser vertragen. Der Kümmel reduziert die blähende Wirkung.

Gemüsepizza

Für 1 Blech (6 Portionen)

Zubereitungszeit: 20 Minuten
Zeit zum Gehen: 30 Minuten
Backzeit: 25 Minuten

Nährwerte pro Portion:
406 kcal / 1700 kJ
17 g Eiweiß / 22 g Fett / 34 g KH / 7 g BS

Zutaten

Für den Teig:
300 g Weizenvollkornmehl
50 ml Olivenöl
½ Würfel Hefe (20 g)
Salz
Öl für das Backblech

Für den Belag:
4 Tomaten
1 Zucchini
1 grüne Paprikaschote
1 Knoblauchzehe
150 g Gouda
2 EL Olivenöl
50 g schwarze Oliven ohne Stein
Salz
Oregano

Zubereitung

1 Mehl mit 125 ml lauwarmem Wasser, Öl, der zerbröckelten Hefe und dem Salz in einer Schüssel mischen und zu einem elastischen Teig verkneten. Den Teig zugedeckt an einem warmen Ort 30 Minuten gehen lassen.

2 Den Backofen auf 225 °C (Ober-/Unterhitze) vorheizen. Ein Backblech mit Öl einfetten. Den Teig nochmals kurz durchkneten und auf dem Blech ausrollen. Den Boden mit einer Gabel mehrmals einstechen und 10 Minuten im heißen Backofen vorbacken.

3 In der Zwischenzeit Tomaten und Zucchini waschen und in dünne Scheiben schneiden. Paprikaschote waschen, halbieren, putzen und in Streifen schneiden. Knoblauchzehe schälen und fein hacken. Den Käse reiben.

4 Den vorgebackenen Boden mit etwas Öl einpinseln und Tomaten, Zucchini, Knoblauch und Oliven darauf verteilen. Pizza mit Salz und Oregano würzen und mit dem Käse bestreuen. Zum Schluss mit etwas Olivenöl beträufeln. Die Gemüsepizza noch mal für ca. 15 Minuten im heißen Backofen backen.

Dinkel-Flammkuchen mit Kürbis und Schinken

Für 2 Portionen

Zubereitungszeit: 1 Stunde

Nährwerte pro Portion:
1012 kcal / 4232 kJ
47 g E / 61 g F / 67 g KH / 12 g BS

Zutaten

Für den Teig:
150 g Vollkorndinkelmehl
1 Prise Salz

Für den Belag:
350 g Hokkaidokürbis
1 Bio-Zitrone
150 g Crème fraîche
Salz
frisch gemahlener schwarzer Pfeffer
50 g Sonnenblumenkerne
50 g Rucola
6 Scheiben Parmaschinken

Zubereitung

1 Mehl und Salz mit 90 ml Wasser so lange zu einem Teig kneten, bis er nicht mehr so stark klebt. Dann in einer Schüssel zugedeckt 30 Minuten ruhen lassen.

2 In der Zwischenzeit den Kürbis waschen, die Kerne entfernen und das Fruchtfleisch grob würfeln. Kürbis in einem Topf mit etwas Wasser 5 Minuten garen. In ein Sieb abgießen und abtropfen lassen.

3 Die Zitronenschale abreiben, mit der Crème fraîche verrühren und mit Salz und Pfeffer würzen. Den Backofen auf 250 °C Umluft vorheizen.

4 Den Teig nochmals kurz durchkneten und auf einer bemehlten Arbeitsfläche zu zwei dünnen Fladen ausrollen. Die Sonnenblumenkerne darauf verteilen und mit dem Nudelholz in den Teig drücken. Die angerührte saure Sahne auf den Teig streichen, die abgetropften Kürbisstücke darauf verteilen und die Fladen auf mit Backpapier belegte Backbleche oder Backroste legen.

5 Flammkuchen im vorgeheizten Ofen ca. 15 Minuten bis zur gewünschten Bräune backen.

6 Rucola waschen und trocken schleudern, Schinken in mundgerechte Stücke zupfen. Beides auf den gebackenen Flammkuchen verteilen.

Spaghetti mit Linsen-Bolognese

Für 2 Portionen

Zubereitungszeit: 35 Minuten

Nährwerte pro Portion:
751 kcal / 3143 kJ
42 g Eiweiß / 18 g Fett / 99 g KH /25 g BS

Zutaten

175 g Champignons
1 Knoblauchzehe
1 große Möhre
1 ½ Stangen Staudensellerie
100 g rote Linsen
1 EL Rapsöl
60 ml trockener Rotwein (ersatzweise Gemüsebrühe)
2 EL Tomatenmark
350 g passierte Tomaten (Dose)
200 g Vollkornspaghetti
Salz
50 g Bergkäse
4 Stängel glatte Petersilie
frisch gemahlener schwarzer Pfeffer

Zubereitung

1 Pilze putzen und klein schneiden. Knoblauch schälen und fein würfeln. Möhre waschen, schälen und grob raspeln. Sellerie waschen und fein würfeln. Linsen in einen Topf geben, die doppelte Menge an Wasser hinzufügen und die Linsen nach Packungsanleitung garen.

2 In der Zwischenzeit das Öl in einem großen Topf erhitzen. Pilze darin bei starker Hitze 3 Minuten anbraten. Möhre und Sellerie zugeben und weitere 3 Minuten braten.

3 Hitze reduzieren, alles mit dem Rotwein ablöschen, Knoblauch und Tomatenmark zugeben und bei mittlerer Hitze 1–2 Minuten dünsten. Die gegarten Linsen und die passierten Tomaten zur Soße geben, umrühren und weitere 5–8 Minuten im offenen Topf ziehen lassen.

4 In der Zwischenzeit Spaghetti in reichlich kochendem Salzwasser nach Packungsanleitung al dente garen. Käse reiben. Patersilie waschen, trocken schütteln, Blätter fein hacken, Kräuter in die Linsen-Bolognese geben und mit Salz und Pfeffer abschmecken.

5 Nudeln in ein Sieb abgießen und abtropfen lassen. Linsen-Bolognese mit Spaghetti und geriebenem Käse servieren.

Gefüllte Auberginen mit Feta-Joghurt

Für 2 Portionen

Zubereitungszeit: 45 Minuten
Backzeit: 20 Minuten

Nährwerte pro Portion:
610 kcal / 2558 kJ
17 g E / 52 g F / 19 g KH / 7 g BS

Zutaten

2 Auberginen (à 250 g)
3 EL Olivenöl
Salz
1–2 Knoblauchzehen
350 g Tomaten
20 g Walnusskerne
1 EL Tomatenmark
1 TL Oregano
frisch gemahlener schwarzer Pfeffer
1 Prise Zucker
100 g Feta
100 g Joghurt (3,5 % Fett)
Chiliflocken
Zitronensaft

Zubereitung

1 Den Backofen auf 200 °C Ober-/Unterhitze vorheizen. Auberginen waschen, längs halbieren und das Fruchtfleisch mit einem Löffel herauslösen, dabei einen ½ cm dicken Rand stehen lassen.

2 Die Auberginen von innen mit etwas Olivenöl bestreichen, salzen und nebeneinander in eine Auflaufform legen. 10–15 Minuten im Ofen vorbacken. Den Ofen danach nicht ausschalten.

3 In der Zwischenzeit das herausgelöste Auberginenfruchtfleisch klein würfeln und salzen. Knoblauch schälen und fein hacken. Tomaten waschen, vierteln, Kerne entfernen und das Fruchtfleisch würfeln. Walnüsse grob hacken.

4 1 EL Olivenöl in einer Pfanne erhitzen und Knoblauch und Auberginenwürfel darin etwa 6 Minuten unter Wenden braten. Dann das Tomatenmark hinzufügen und etwa 2 Minuten mitbraten. Walnüsse, Tomaten, Oregano und 3–4 EL Wasser zufügen, etwa 10 Minuten weiter braten. Mit Salz, Pfeffer und Zucker würzen.

5 Feta abtropfen lassen und fein würfeln.

6 Die Füllung in die vorgebackenen Auberginenhälften geben und etwa ein Drittel des gewürfelten Käses darüber verteilen. Die Auberginen im heißen Backofen bei gleicher Temperatur etwa 20 Minuten goldbraun überbacken.

7 Restlichen Feta und Joghurt mit dem Pürierstab pürieren, mit Salz, Chiliflocken und Zitronensaft würzen.

8 Auberginen aus dem Ofen nehmen und mit dem restlichen Olivenöl beträufeln. Den Feta-Joghurt mit Chiliflocken bestreuen und dazu reichen.

Bohnen-Kartoffel-Curry

Für 2 Portionen

Zubereitungszeit: 50 Minuten

Nährwerte pro Portion:
377 kcal / 1580 kJ
13 g Eiweiß / 11 g Fett / 55 g KH / 16 g BS

Zutaten

2 gelbe Paprikaschoten
1 Stange Staudensellerie
400 g festkochende Kartoffeln
½ Zwiebel
1 Knoblauchzehe
1 EL Rapsöl
1 EL Curry
ca. 200 ml Gemüsebrühe
2 Tomaten
Salz
Cayennepfeffer
100 g Kidneybohnen (Dose)

TIPPS

Ritzen Sie die Unterseite der Tomaten vor dem Überbrühen mit heißem Wasser kreuzweise ein. So platzt die äußere Tomatenschale nach dem Blanchieren schneller auf.
Statt der Kartoffeln können Sie auch Vollkornreis verwenden – schmeckt auch sehr lecker.

Zubereitung

1 Die Paprikaschoten waschen, halbieren, putzen und Paprika würfeln. Den Sellerie waschen und in Stücke schneiden. Die Kartoffeln schälen und würfeln. Zwiebel und Knoblauch schälen und fein würfeln.

2 Das Öl in einem Topf erhitzen und Zwiebel, Knoblauch, Paprika und Sellerie darin 2–3 Minuten dünsten. Kartoffeln und Curry unterrühren und mit der Gemüsebrühe ablöschen.

3 Die Tomaten waschen und mit heißem Wasser überbrühen. Tomaten abschrecken, häuten, vierteln und das Innenleben der Tomaten entfernen. Die festeren Teile der Tomaten würfeln, zum Gemüse geben, mit Salz und Cayennepfeffer würzen und zugedeckt ca. 25 Minuten leise schmoren lassen. Falls nötig noch etwas Brühe zufügen.

4 Die Bohnen in ein Sieb abgießen, abbrausen, abtropfen lassen, zum Curry geben und alles nochmals etwa 10 Minuten garen.
Zum Schluss mit Salz und Cayennepfeffer abschmecken.

Vollkornnudeln mit Brokkoli-Haselnuss-Pesto

Für 2 Portionen

Zubereitungszeit: 30 Minuten

Nährwerte pro Portion:

596 kcal / 2494 kJ

21 g Eiweiß / 28 g Fett / 65 g KH / 14 g BS

Zutaten

200 g Vollkornnudeln (Penne)
Salz
1–2 Stängel Basilikum
100 g Brokkoliröschen
25 g Haselnusskerne
2 EL Olivenöl
2 EL Gemüsebrühe
10 g Parmesan oder Pecorino
frisch gemahlener schwarzer Pfeffer

Zubereitung

1 Nudeln in reichlich Salzwasser nach Packungsanleitung al dente garen.

2 In der Zwischenzeit Basilikum waschen, trocken schütteln und Blätter abzupfen. Brokkoli in einem separaten Topf in kochendem Salzwasser ca. 8 Minuten garen. In ein Sieb abgießen, dabei etwas Kochwasser auffangen. Brokkoli kalt abschrecken und abtropfen lassen.

3 1–2 EL von dem Kochwasser, die Haselnusskerne, die Hälfte des Basilikums, das Öl und die Gemüsebrühe in einen Mixbehälter geben und mit dem Pürierstab fein pürieren.

4 Den Käse reiben, unter das Pesto rühren und alles mit Salz und Pfeffer abschmecken. Falls nötig noch etwas Kochwasser zufügen.

5 Nudeln abgießen, mit dem Pesto vermischen und anrichten.

Sauerkraut-Kumpir

Für 2 Portionen

Zubereitungszeit: 20 Minuten
Backzeit: 45 Minuten

Nährwerte pro Portion:

477 kcal / 2002 kJ
15 g Eiweiß / 17 g Fett / 62 g KH / 9 g BS

Zutaten

- 4 große festkochende Kartoffeln (à ca. 170 g)
- 1 TL Rapsöl
- 250 g frisches Sauerkraut
- 100 g Joghurt (3,5 %)
- ½ TL Kümmel
- Salz
- frisch gemahlener schwarzer Pfeffer
- 1 Möhre
- ½ Birne
- ½ TL frisch gepresster Zitronensaft
- 2 Stängel Koriander
- 1 EL Walnusskerne
- 25 g Gouda
- 2 TL zimmerwarme Butter

TIPP

Die Füllungen der Ofenkartoffel können Sie nach Lust und Laune variieren: Passend sind zum Beispiel Tomaten, Gurken, Paprika, Champignons oder Spinat. Wenn Sie gern Fleisch mögen, braten Sie ein paar Hähnchenstreifen und geben diese als Topping dazu.

Zubereitung

1 Den Backofen auf 200 °C (Ober-/Unterhitze) vorheizen. Kartoffeln mit Schale gründlich waschen, mit einer Gabel mehrfach einstechen und mit dem Öl bestreichen. Auf einem mit Backpapier ausgelegten Backblech im vorgeheizten Backofen etwa 45 Minuten backen, bis sie weich sind.

2 In der Zwischenzeit das Sauerkraut in ein Sieb geben und abtropfen lassen. In einer Schüssel mit Joghurt und Kümmel mischen und mit Salz und Pfeffer abschmecken.

3 Möhre und Birne waschen, grob raspeln und beides in einer separaten Schüssel mit dem Zitronensaft vermischen. Koriander waschen, trocken schütteln, Blättchen abzupfen und Blättchen hacken. Walnusskerne grob hacken. Pfanne ohne Fett erhitzen und Walnüsse bei mittlerer Hitze 3 Minuten darin rösten, bis sie aromatisch zu duften beginnen. Den Käse reiben.

4 Kartoffeln aus dem Ofen nehmen, auf zwei Teller legen und längs einschneiden. Das Innere mit einer Gabel auflockern, Butter und Käse hinzugeben und mit dem Kartoffelinneren vermengen. Kartoffeln mit Sauerkrautmasse und der Birnen-Möhren-Mischung füllen. Mit Walnüssen und Koriander bestreuen und servieren.

Fenchel-Möhren-Gratin

Für 2 Portionen

Zubereitungszeit: 25 Minuten
Backzeit: 40 Minuten

Nährwerte pro Portion:

367 kcal / 1537 kJ
14 g Eiweiß / 27 g Fett / 17 g KH / 11 g BS

Zutaten

1 kleiner Fenchel
250 g Möhren
1 Frühlingszwiebel
Salz
1 EL Walnusskerne
1 Knoblauchzehe
1 Ei
100 g Sahne
frisch gemahlener schwarzer Pfeffer
Fett für die Form
25 g mittelalter Gouda

TIPP

Verfeinern Sie das Fenchel-Möhren-Gratin optisch und geschmacklich mit Möhren unterschiedlicher Farben. Möhren gibt es nicht nur in Orange – auch gelbe, rote und violette Sorten sind zu haben. Servieren Sie das Gericht mit Salz- oder Ofenkartoffeln.

Zubereitung

1 Fenchel waschen, halbieren und in Spalten schneiden. Möhren schälen und Frühlingszwiebel waschen. Möhren in Scheiben, Frühlingszwiebel in Ringe schneiden.

2 Fenchel und Möhren in wenig kochendes Salzwasser geben und zugedeckt 6–8 Minuten vorgaren, dann in ein Sieb abgießen und abtropfen lassen.

3 Walnusskerne grob hacken. Knoblauch schälen und zerdrücken. Knoblauch mit Ei und Sahne verquirlen und mit Salz und Pfeffer abschmecken.

4 Den Backofen auf 200 °C (Ober-/Unterhitze) vorheizen. Eine Auflaufform einfetten, das Gemüse darin verteilen und mit Frühlingszwiebeln, Nüssen und der Eiersahne übergießen. Die Form mit Alufolie bedecken und das Gratin im vorgeheizten Backofen ca. 40 Minuten backen.

5 Käse reiben. 5 Minuten vor Ende der Backzeit die Folie entfernen, den geriebenen Käse über das Gemüse streuen und das Gratin ohne die Alufolie ca. 5 Minuten überbacken.

Brokkoli-Mandel-Quiche

Für 1 eckige Quicheform (4 Portionen)

Zubereitungszeit: 20 Minuten
Kühlzeit: 30 Minuten
Backzeit: 30 Minuten

Nährwerte pro Portion:
793 kcal / 3318 kJ
27 g Eiweiß / 66 g Fett / 24 g KH / 7 g BS

Zutaten

Für den Boden:
100 g Dinkelmehl (Type 630)
50 g gemahlene Mandeln
1 Prise Salz
150 g Magerquark
3 EL Rapsöl
Fett für die Form

Für den Belag:
250 g Brokkoliröschen
Salz
50 g Parmesan
175 g Schmand
1 Ei
100 g Sahne
frisch gemahlener schwarzer Pfeffer
frisch geriebene Muskatnuss
1 EL Olivenöl
100 g Mandelblättchen

TIPP

Für den ganz besonderen Pfiff können Sie noch 100 g gekochten Putenschinken in kleine Stücke schneiden und auf die Quiche verteilen.

Zubereitung

1 Für den Boden das Mehl in einer Schüssel mit Mandeln und Salz mischen. Quark und Öl hinzugeben und zu einem glatten Teig verarbeiten. Die Quicheform einfetten, mit dem Teig auskleiden und einen Rand hochziehen. Den Boden 30 Minuten kühl stellen.

2 Den Backofen auf 200 °C (Ober-/Unterhitze) vorheizen. Die Brokkoliröschen waschen und in einem Topf mit kochendem Salzwasser 4–5 Minuten blanchieren. Die Röschen herausnehmen, in ein Sieb abgießen, mit kaltem Wasser abschrecken und gut abtropfen lassen. Parmesan reiben und in eine Schüssel geben. Schmand, Ei und Sahne hinzugeben und verrühren. Die Masse mit Salz, Pfeffer und Muskat kräftig würzen.

3 Brokkoliröschen auf dem vorbereiteten Teig verteilen, mit etwas Öl beträufeln und mit der Schmand-Sahne-Masse übergießen. Die Quiche im vorgeheizten Ofen 25–30 Minuten goldbraun backen.

4 In der Zwischenzeit die Mandelblättchen in einer beschichteten Pfanne ohne Fett goldgelb anrösten, bis sie aromatisch zu duften beginnen. Die Mandelblättchen auf die fertig gebackene Brokkoli-Mandel-Quiche streuen.

Buchweizen-Spinat-Knödel in Gorgonzolasoße

Für 2 Personen

Zubereitungszeit: 40 Minuten

Nährwerte pro Portion:
772 kcal / 3228 kJ
31 g Eiweiß / 51 g Fett / 46 g KH / 6 g BS

Zutaten

½ Zwiebel
2 EL Rapsöl
225 g TK-Blattspinat
Salz
frisch gemahlener schwarzer Pfeffer
40 g Parmesan
75 g Magerquark
1 Ei
1 Eigelb
ca. 100 g Buchweizenmehl
200 g Champignons
75 g Sahne
25 g Gorgonzola
1 TL Butter
1 EL Walnusskerne

Zubereitung

1 Zwiebel schälen und fein würfeln. 1 EL Öl in einem Topf erhitzen und die Hälfte der Zwiebelwürfel darin 10 Minuten glasig dünsten. Den gefrorenen Spinat und 50 ml Wasser zufügen. Spinat zugedeckt ca. 15 Minuten unter mehrmaligem Rühren auftauen. Dann im offenen Topf 3–5 Minuten weiterköcheln lassen, bis die Flüssigkeit verdampft ist. Mit Salz und Pfeffer würzen.

2 Parmesan reiben, in eine Schüssel geben und mit Quark, Ei und Eigelb verrühren. Den Spinat untermischen. Das Buchweizenmehl nach und nach mit den Knethaken des Handmixers unterkneten. Mit Salz und Pfeffer kräftig würzen. Aus der Masse mit leicht bemehlten Händen 4 Knödel formen.

3 Reichlich Salzwasser in einem weiten Topf aufkochen lassen und die Spinatknödel darin bei schwacher Hitze 5–6 Minuten gar ziehen lassen. Knödel aus dem Topf nehmen, in ein Sieb geben und gut abtropfen lassen.

4 In der Zwischenzeit die Pilze putzen und halbieren. Restliches Öl in einer Pfanne erhitzen und die übrigen Zwiebelwürfel 10 Minuten darin andünsten. Pilze zufügen und ca. 5 Minuten goldbraun braten. Mit Salz und Pfeffer würzen. Mit 125 ml Wasser und der Sahne ablöschen und aufkochen lassen.

5 Den Gorgonzola würfeln, in die Pfanne geben und darin unter Rühren schmelzen lassen. Mit Salz und Pfeffer abschmecken.

6 Butter in einer separaten Pfanne zerlassen. Die Knödel darin rundherum kurz anbraten. Die Walnüsse hacken und über die angebratenen Knödel streuen. Knödel auf zwei Teller legen und mit der Gorgonzolasoße servieren.

Mangoldröllchen mit Tomatensoße

Für 2 Portionen

Zubereitungszeit: 1 Stunde

Nährwerte pro Portion:

551 kcal / 2306 kJ
18 g Eiweiß / 41 g Fett / 25 g KH / 10 g BS

Zutaten

100 g Vollkornreis (Langkorn)
Salz
40 g Haselnusskerne
600 g Blattmangold
½ Zwiebel
1 Knoblauchzehe
300 g reife Tomaten
75 g Kräuterfrischkäse
frisch gemahlener schwarzer Pfeffer
2 EL Olivenöl
Zucker
¼ TL Gemüsebrühe
½ EL Butter
frisch geriebene Muskatnuss

Zubereitung

1 Den Reis in gut 200 ml kochendem Salzwasser zugedeckt bei schwacher Hitze nach Packungsangabe kochen, dann etwas abkühlen lassen.

2 In der Zwischenzeit die Haselnusskerne hacken und in einer beschichteten Pfanne ohne Fett rösten, bis sie aromatisch zu duften beginnen. Mangold waschen. Von 8 großen Mangoldblättern die Stiele herausschneiden und die Blätter in kochendem Salzwasser ca. 30 Sekunden blanchieren. Blätter in eiskaltem Wasser abschrecken und gut abtropfen lassen. Mangoldstiele und die restlichen Mangoldblätter getrennt voneinander in Streifen schneiden.

3 Die Zwiebel schälen und in Ringe schneiden. Knoblauch schälen und fein würfeln. Tomaten waschen und klein schneiden.

4 Frischkäse mit 2–3 EL Wasser glatt rühren. 1 EL der gehackten Nüsse zur Seite stellen. Die restlichen Nüsse und den Reis unter die Frischkäsemasse rühren und die Masse pfeffern.

5 Auf jedes blanchierte Mangoldblatt 1 gehäuften EL der vorbereiteten Reisfüllung geben. Die kurzen Seiten der Blätter über die Füllung klappen, dann die Blätter straff zu einem Röllchen aufwickeln und mit Zahnstochern fixieren.

6 1 EL Öl in einer großen Pfanne erhitzen. Die Röllchen darin rundherum anbraten und herausnehmen. Dann 1 EL Öl zu dem Bratfett in die Pfanne geben, erhitzen und Mangoldstiele, Zwiebeln, Knoblauch und Tomaten darin 10 Minuten dünsten. Mit Salz, Pfeffer und etwas Zucker abschmecken.

7 60 ml Wasser und die Brühe zufügen, aufkochen lassen und zugedeckt ca. 5 Minuten dünsten. Die Röllchen zurück in die Pfanne legen und zugedeckt ca. 5 Minuten weitergaren.

8 Die Butter in einer separaten Pfanne erhitzen und die restlichen Mangoldblätter ca. 5 Minuten darin dünsten. Mit Salz, Pfeffer und Muskat abschmecken. Alles zusammen servieren.

Thunfischfrikadellen mit Rucola-Kräuter-Salat

Für 2 Portionen

Zubereitungszeit: 40 Minuten

Nährwerte pro Portion:

371 kcal / 2985 kJ
24 g Eiweiß / 26 g Fett / 10 KH / 4 g BS

Zutaten

Für den Salat:

1 Bund Rucola
2 Tomaten
½ EL flüssiger Honig
1 ½ EL heller Balsamicoessig
1 ½ EL natives Olivenöl extra
Salz
frisch gemahlener schwarzer Pfeffer

Für die Frikadellen:

1 Dose Thunfisch im eigenen Saft (140 g Abtropfgewicht)
½ Zwiebel
1 Knoblauchzehe
2 TL Olivenöl
30 g gemahlene Mandeln
1 Ei
Salz
frisch gemahlener schwarzer Pfeffer
1 EL gehackte Petersilie
½ TL Paprikapulver edelsüß

Zubereitung

1 Für den Salat Rucola waschen und gut abtropfen lassen. Tomaten waschen und in Spalten schneiden.

2 Aus Honig, Essig, Öl, etwas Salz und Pfeffer eine Vinaigrette herstellen. Das Dressing mit den vorbereiteten Salatzutaten mischen.

3 Thunfisch in ein Sieb geben und mit einer Gabel das Wasser ausdrücken. Zwiebel und Knoblauch schälen und fein würfeln.

4 1 TL Öl in einer Pfanne erhitzen, Zwiebel und Knoblauch darin 10 Minuten glasig dünsten.

5 Thunfisch erneut kräftig ausdrücken, bis er ganz trocken ist. Mit Mandeln, Ei, Zwiebel und Knoblauch mischen, mit Salz, Pfeffer, Petersilie und Paprikapulver würzen.

6 Aus der Thunfischmasse mit den Händen zwölf Frikadellen formen. Das restliche Öl in einer beschichteten Pfanne erhitzen, die Frikadellen darin auf einer Seite 3 Minuten goldbraun braten, dann wenden und weitere 2 Minuten auf der anderen Seite goldbraun braten.

Hering mit Sauerkraut und Salat

Für 2 Portionen

Zubereitungszeit: 35 Minuten

Nährwerte pro Portion:
797 kcal / 3333 kJ
33 g Eiweiß / 68 g Fett / 13 g KH / 9 g BS

Zutaten

½ Römersalat
½ kleiner Radicchio
1 Staudensellerie
½ kleine Zwiebel
1 gelbe Paprikaschote
125 g frisches Sauerkraut
½ EL Apfelessig
2 EL Rapsöl
Salz
frisch gemahlener schwarzer Pfeffer
4 eingelegte Heringsfilets
75 g Schmand
25 g Sahne
25 g Crème fraîche
½ Bund Schnittlauch

Zubereitung

1 Römersalat und Radicchio waschen, trocken schleudern und beide Salate in mundgerechte Stücke zupfen. Sellerie waschen und in feine Scheiben schneiden. Die Zwiebel schälen und fein würfeln. Die Paprikaschote waschen, halbieren, putzen und klein würfeln. Paprika, Zwiebel und Sellerie unter das Sauerkraut mischen.

2 Die gezupften Salatblätter auf zwei Tellern anrichten und auf die Mitte der Teller die Sauerkrautmischung geben. Essig, Öl, Salz und Pfeffer zu einem Dressing verrühren und über den Salat und das Sauerkraut träufeln.

3 Die Heringsfilets in Streifen schneiden und auf den vorbereiteten Tellern dekorativ verteilen.

4 Für die Soße den Schmand mit Sahne und Crème fraîche verrühren. Schnittlauch waschen, trocken schütteln, in Röllchen schneiden, unter die Soße mischen. Mit Salz und Pfeffer abschmecken.

5 Den Fisch mit der Soße beträufeln und servieren.

Lachs aus dem Ofen mit Ingwergemüse

Für 2 Personen

Zubereitungszeit: 20 Minuten
Backzeit: 40 Minuten

Nährwerte pro Portion:
610 kcal / 2550 kJ
37 g Eiweiß / 44 g Fett / 16 g KH / 8 g BS

Zutaten

200 g Rote Bete
200 g Möhren
½ Zwiebel
1 Stück Ingwer (1 cm)
2 EL Olivenöl
Salz
frisch gemahlener schwarzer Pfeffer
1–2 EL Haselnusskerne
40 g Feta
2 Lachsfilets (à ca. 150 g)

TIPPS

Reichen Sie zu dem Gericht eine grüne Soße aus Schmand, Joghurt und frischen Kräutern.
Rote Bete ist nicht nur lecker und gesund, das Gemüse hinterlässt auch gerne Spuren. Die rote Farbe der Knolle ist sehr hartnäckig und lässt sich nur schwer wieder von den Händen entfernen. Ziehen Sie sich daher vor dem Schälen der Roten Bete Gummihandschuhe über.

Zubereitung

1 Den Backofen auf 180 °C (Ober-/Unterhitze) vorheizen. Ein Backblech mit Backpapier belegen.

2 Rote Bete schälen und in mundgerechte Stücke schneiden. Möhren schälen und in Scheiben schneiden. Zwiebel schälen und in Spalten schneiden. Ingwer schälen und hacken.

3 Gemüse und Ingwer mit Öl mischen und gleichmäßig auf dem Backblech verteilen. Dabei etwas Platz für den Fisch lassen. Das Ingwergemüse mit Salz und Pfeffer würzen und im vorgeheizten Ofen backen.

4 In der Zwischenzeit Nüsse hacken und Feta zerbröckeln. Den Lachs von beiden Seiten mit Salz und Pfeffer würzen und nach 25 Minuten Backzeit neben das Ingwergemüse auf das Backblech legen. Nüsse und Feta über das Gemüse streuen und das Gericht nochmals ca. 15 Minuten backen.

Schwarzwurzel-Tarte mit Speck und Walnüssen

Für 2 Personen

Zubereitungszeit: 30 Minuten
Backzeit: 30 Minuten

Nährwerte pro Portion:
808 kcal / 3385 kJ
24 g Eiweiß / 63 g Fett / 36 g KH / 66 g BS

Zutaten

50 ml Weißweinessig
1 EL Mehl
700 g Schwarzwurzeln
Salz
125 g Filo- oder Yufkateig (Kühlregal)
50 g geräucherter Speck
1 EL Rapsöl
125 g Quark (40 % Fett)
50 ml Milch
1 Eigelb
2 Stängel Petersilie
frisch gemahlener schwarzer Pfeffer
frisch geriebene Muskatnuss
1 EL Butter
½ EL Paniermehl
25 g Walnusskerne

Zubereitung

1 In einem weiten Topf Essig mit Mehl verrühren und nach und nach unter ständigem Rühren 1,5 l Wasser zugeben. Schwarzwurzeln gründlich waschen, schälen, Enden abschneiden und die Stangen sofort in das Essigwasser legen. Dann herausnehmen und in kochendem Salzwasser 10–12 Minuten garen.

2 Die Teigblätter bei Zimmertemperatur ca. 10 Minuten ruhen lassen. 3 Teigblätter aus der Verpackung nehmen, den Rest gut verpacken und anderweitig verwenden.

3 Den Speck in feine Würfel schneiden. Öl in einer Pfanne erhitzen und den Speck darin unter Wenden knusprig braten. Auf Küchenpapier gut abtropfen lassen. Speck mit Quark, Milch und Eigelb verrühren und mit Salz, Pfeffer und Muskat würzen. Petersilie waschen, trocken schütteln, fein hacken und unter den Mix rühren.

4 Die Butter in einem kleinen Topf zerlassen. Eine kleine feuerfeste Auflaufform (ca. 15 x 20 cm) mit ein wenig Butter einfetten.

5 Den Backofen auf 175 °C (Ober-/Unterhitze) vorheizen. Die Teigblätter einzeln mit der flüssigen Butter bestreichen und versetzt in die Auflaufform legen, dabei sanft hineindrücken, sodass die Ränder leicht überstehen.

6 Schwarzwurzeln auf knapp 15 cm Länge schneiden. Teigblätter mit Paniermehl bestreuen. Schwarzwurzeln in die Form legen und den vorbereiteten Mix darüber gießen.

7 Auf der unteren Schiene im vorgeheizten Backofen ca. 30 Minuten backen. Nach ca. 20 Minuten Backzeit die Teigränder mit Alufolie abdecken.

8 In der Zwischenzeit die Nüsse grob hacken und in einer Pfanne ohne Fett goldbraun rösten, bis sie aromatisch zu duften beginnen. Die fertige Tarte aus dem Backofen nehmen und mit den gehackten Walnüssen bestreuen.

TIPP

Die dünnen Filo- und Yufkateigblätter bekommen Sie in gut sortierten Supermärkten, aber auch türkische Lebensmittelläden bieten sie an.

Grünkohl mit Birnen, Bohnen und Speck

Für 2 Portionen

Zubereitungszeit: 40 Minuten

Nährwerte pro Portion:

854 kcal / 3575 kJ
29 g Eiweiß / 70 g Fett / 28 g KH / 15 g BS

Zutaten

2 EL gehackte Walnusskerne
1 feste Birne
½ Zwiebel
500 g Grünkohl
Salz
125 g Frühstücksspeck
frisch gemahlener schwarzer Pfeffer
150 g weiße Bohnen (Dose)
100 g Frischkäse

Zubereitung

1 Walnüsse in einer Pfanne ohne Fett rösten, bis sie aromatisch zu duften beginnen.

2 Birne waschen, vierteln, das Kerngehäuse entfernen und das Fruchtfleisch würfeln. Zwiebel schälen und fein würfeln. Grünkohl gründlich waschen, Strunk entfernen und die Blätter grob zerkleinern.

3 In einem Topf ca. 1 l gesalzenes Wasser zum Kochen bringen. Den Grünkohl darin 1 Minute blanchieren, dann mit einem Schaumlöffel herausnehmen, in ein Sieb geben, mit eiskaltem Wasser abschrecken und abtropfen lassen.

4 Den Speck in einem weiten Topf ohne Fett bei mittlerer Hitze ca. 2 Minuten braten. Zwiebel, Birne, Grünkohl und ca. 250 ml Wasser zu dem Speck geben, mit Salz und Pfeffer würzen und bei mittlerer Hitze ca. 10 Minuten garen.

5 Die Bohnen in ein Sieb abgießen, abbrausen und abtropfen lassen. Frischkäse und Bohnen in den Topf geben, gut vermischen und alles nochmals einige Minuten bei mittlerer Hitze erwärmen.

6 Mit Salz und Pfeffer abschmecken und mit Walnusskernen bestreuen.

Hähnchenfilet mit Mandelkruste und Brokkoli

Für 2 Portionen

Zubereitungszeit: 40 Minuten

Nährwerte pro Portion:
654 kcal / 2738 kJ
50 g Eiweiß / 44 g Fett / 16 g KH / 8 g BS

Zutaten

250 g Brokkoli
75 g Mandeln
2 ½ EL Olivenöl
Salz
frisch gemahlener schwarzer Pfeffer
2 Hähnchenfilets (à ca. 150 g)
½ EL Mehl
1 Zweig Rosmarin
1 EL Zucker
2 EL weißer Balsamicoessig

Zubereitung

1 Brokkoliröschen vom Strunk schneiden, waschen und abtropfen lassen. Rosmarin waschen und trocken schütteln.

2 Die Hälfte der Mandeln fein mahlen, mit ½ EL Öl verrühren und mit Salz und Pfeffer würzen. Die andere Hälfte der Mandeln in Scheiben schneiden. Hähnchenfilets mit Salz und Pfeffer würzen und in Mehl wenden.

3 Den Backofen auf 175 °C (Ober-/Unterhitze) vorheizen. 1 EL Öl in einer feuerfesten Pfanne erhitzen und die Hähnchenfilets auf beiden Seiten je ca. 3 Minuten goldbraun braten. Aus der Pfanne nehmen, mit den gemahlenen Mandeln einreiben und etwas andrücken. Die Mandelblättchen auf einem Teller verteilen, die Hähnchenfilets darin wenden und die Mandelblättchen gut andrücken. Die Filets wieder in die Pfanne legen und im vorgeheizten Backofen ca. 7 Minuten überbacken.

4 In der Zwischenzeit 1 EL Öl in einer Pfanne erhitzen, darin Brokkoli und Rosmarin unter Wenden ca. 5 Minuten anbraten. Zucker hinzugeben und karamellisieren lassen. Pfanneninhalt mit Salz und Pfeffer würzen und mit Essig ablöschen.

5 Brokkoli mit den Hähnchenfilets auf zwei Tellern anrichten und servieren.

TIPP

Wer noch ein paar Kohlenhydrate braucht, serviert Vollkornreis als Beilage.

Szegediner Putengulasch

Für 2 Portionen

Zubereitungszeit: 45 Minuten

Nährwerte pro Portion:

470 kcal / 1969 kJ
48 g Eiweiß / 10 g Fett / 41 g KH / 17 g BS

Zutaten

300 g Putenbrustfilet
Salz
frisch gemahlener schwarzer Pfeffer
Majoran
1 kleine Zwiebel
2 TL Rapsöl
1 Knoblauchzehe
Paprikapulver edelsüß
2 EL Apfelessig
100–200 ml Gemüsebrühe
1 mittelgroße Kartoffel
4 große Tomaten
2 rote Paprikaschoten
400 g Sauerkraut

Zubereitung

1 Das Fleisch in Würfel schneiden und mit Salz, Pfeffer und Majoran würzen.

2 Die Zwiebel schälen und fein hacken. Öl in einem großen Topf erhitzen und die Zwiebel darin 10 Minuten glasig dünsten. Knoblauch schälen, pressen und zusammen mit dem Fleisch in den Topf geben. Dann Paprikapulver hinzufügen und alles sofort mit Essig und Gemüsebrühe ablöschen. Alles zugedeckt bei mittlerer Hitze ca. 15 Minuten schmoren lassen.

3 Kartoffel, Tomaten und Paprika waschen. Kartoffel schälen und in kleine Würfel schneiden. Tomaten in Würfel schneiden, Paprika putzen und in Streifen schneiden. Kartoffeln, Tomaten und Paprika mit dem abgetropften Sauerkraut zum Fleisch geben und nochmals ca. 15 Minuten schmoren lassen.

TIPP

Bei der Kartoffel kommt es auf den Geschmack und die Konsistenz an. Achten Sie darauf, dass es eine festkochende Sorte ist, denn diese zerfallen beim Kochen nicht und lassen sich gut schälen.

Hähnchen-Rosenkohl-Spieße

Für 2 Portionen

Zubereitungszeit: 45 Minuten

Nährwerte pro Portion:
519 kcal / 2168 kJ
24 g Eiweiß / 43 g Fett / 10 g KH / 11 g BS

Zutaten

500 g Rosenkohl
Salz
300 g Hähnchenbrust
2 EL Butterschmalz
frisch gemahlener schwarzer Pfeffer
Paprikapulver
Für die Soße:
1 Schalotte
1 EL Butter zum Dünsten
100 ml Gemüsebrühe
90 g Crème fraîche
½ Bio-Zitrone
½–1 EL Zitronenthymianblättchen
Salz
frisch gemahlener schwarzer Pfeffer

Zubereitung

1 Den Rosenkohl putzen und in siedendem Salzwasser ca. 12–15 Minuten kochen, es soll noch bissfest sein. Kalt abschrecken und gut abtropfen lassen. Die Hähnchenbrust in mundgerechte Würfel schneiden.

2 1 EL Butterschmalz in einem Topf zerlassen, Salz, Pfeffer und Paprikapulver zugeben und mit dem Hähnchenfleisch vermischen. Die Hälfte des Rosenkohls abwechselnd mit dem Hähnchenfleisch auf Spieße stecken. 1 EL Butterschmalz in einer Grillpfanne erhitzen und die Spieße darin portionsweise rundherum scharf anbraten.

3 Für die Soße die Schalotte schälen und fein hacken. Butter in einer Pfanne schmelzen lassen und die Schalotte darin glasig dünsten. Die andere Hälfte des Rosenkohls zugeben, mitdünsten, die Brühe hinzufügen und den Rosenkohl zugedeckt weich kochen lassen. Die Crème fraîche unterrühren und alles fein pürieren.

4 Die Zitrone mit heißem Wasser abwaschen, die Schale abreiben und die Zitrone auspressen. Zitronenabrieb, Zitronensaft und Zitronenthymian nach und nach unter die Soße mischen, um sie so gut abschmecken zu können.

5 Die Hähnchen-Rosenkohl-Spieße mit der Rosenkohlsoße auf zwei Tellern anrichten.

BROT, KUCHEN UND GEBÄCK

Blitzschnelle Vollkorn-Walnuss-Brötchen

Für 12 Stück

Zubereitungszeit: 15 Minuten
Zeit zum Gehen: 15 Minuten
Backzeit: 25 Minuten

Nährwerte pro Brötchen:
178 kcal / 747 kJ
7 g Eiweiß / 5 g Fett / 25 g KH / 5 g BS

Zutaten

500 g Weizen- oder Dinkelvollkornmehl
50 g geschroteter Leinsamen
50 g geschrotete Walnüsse
1 TL Salz
½ Würfel Hefe (20 g)

Zubereitung

1 Mehl, Leinsamen, Nüsse und Salz in einer Schüssel vermischen. Die Hefe in 300 ml lauwarmem Wasser auflösen, zum Mehl geben und alles mit dem Knethaken des Handrührgeräts grob verrühren. Anschließend mit den Händen weiterkneten, bis der Teig geschmeidig und elastisch ist. Nach Bedarf noch etwas Wasser oder Mehl zum Teig geben. Er darf nicht mehr an der Schüssel kleben und keine Risse haben.

2 Den Teig auf einer bemehlten Arbeitsfläche in zwölf gleich große Teigstücke teilen. Jedes Teigstück zu einer Kugel formen, auf einem mit Backpapier belegten Backblech verteilen und etwas flach drücken. An einem warmen Ort 5–10 Minuten gehen lassen.

3 Den Backofen auf 200 °C (Ober-/Unterhitze) vorheizen. Brötchen im heißen Backofen 25 Minuten backen.

Hafer-Buttermilch-Brot

Für 1 Kastenform (30 cm, 16 Scheiben)

Zubereitungszeit: 20 Minuten
Zeit zum Gehen: 1 Stunde
Backzeit: 1 Stunde

Nährwerte pro Scheibe:
143 kcal / 599 kJ
7 g Eiweiß / 1 g Fett / 25 g KH / 4 g BS

Zutaten

500 g Weizenvollkornmehl
1 Würfel Hefe (42 g)
1 EL flüssiger Honig
350 ml Buttermilch
125 g zarte Haferflocken
125 g Magerquark
1 TL Salz
1 Msp. gemahlener Anis
1 Msp. gemahlener Kümmel

Zubereitung

1 Mehl in eine Schüssel geben und in die Mitte eine Mulde drücken. Die Hefe hineinbröckeln und den Honig darüber geben.

2 100 ml Buttermilch leicht erwärmen, in die Mehlmulde gießen und mit Hefe und etwas Mehl verrühren. Zugedeckt an einem warmen Ort 15 Minuten gehen lassen.

3 Die restliche Buttermilch leicht erwärmen. Zusammen mit 100 g Haferflocken, Quark, Salz und Gewürzen zu dem Teig geben. Gut verkneten und den Teig zugedeckt an einem warmen Ort weitere 30 Minuten gehen lassen.

4 Den Teig kurz kräftig durchkneten, in eine mit Backpapier ausgelegte Kastenform geben und nochmals 15 Minuten an einem warmen Ort gehen lassen.

5 Den Backofen auf 200 °C (Ober-/Unterhitze) vorheizen. Den Brotlaib mit Wasser bepinseln, mit den restlichen Haferflocken bestreuen und im vorgeheizten Backofen 50–60 Minuten backen.

6 Das Brot in der Form abkühlen lassen, dann aus der Form stürzen und auf einem Kuchengitter vollständig auskühlen lassen.

Nuss-Körner-Knäckebrot

Für 2 Bleche (20 Stück)

Zubereitungszeit: 20 Minuten
Backzeit: 1 Stunde

Nährwerte pro Stück

189 kcal / 789 kJ
6 g Eiweiß / 11 g Fett / 17 g KH / 4 g BS

Zutaten

250 g Weizenvollkornmehl
250 g grobe Haferflocken
120 g Sesam
50 g Sonnenblumen- oder Kürbiskerne
50 g Haselnussblättchen
1 EL Leinsamen
2 gestr. TL Salz
6 EL Rapsöl

Zubereitung

1 Alle trockenen Zutaten vermischen. Öl und 375 ml kaltes Wasser zugeben und alles zu einem zähen Teig verrühren.

2 Den Backofen auf 250 °C (Ober-/Unterhitze) vorheizen. Zwei Backbleche mit Wasser benetzen und den Teig dünn und gleichmäßig auf die Bleche streichen. Dann mit einem Teigschaber oder einem Messer pro Backblech 10 gleich große Stücke schneiden.

3 Das erste Blech in den vorgeheizten Backofen schieben und das Knäckebrot 7 Minuten backen. Dann die Temperatur auf 200 °C reduzieren und weitere 20–25 Minuten backen. Mit dem zweiten Backblech anschließend genauso verfahren.

4 Knäckebrot aus dem Backofen nehmen, sofort vom Backblech lösen und entlang den Schnittkanten in Stücke brechen.

TIPP

Das Knäckebrot bleibt schön knusprig, wenn Sie es luftdicht verpacken. Wird es offen gelagert, zieht es schnell Feuchtigkeit und wird weich.

Möhren-Walnuss-Brot

Für 1 Kastenform (30 cm, 12 Scheiben)

Zubereitungszeit: 15 Minuten
Backzeit: 55 Minuten

Nährwerte pro Scheibe:

167 kcal / 686 kJ
6 g Eiweiß / 3 g Fett / 29 g KH / 4 g BS

Zutaten

500 g Dinkelvollkornmehl
1 TL Salz
1 EL Brotgewürz nach Belieben
1 Pck. Backpulver
370 ml alkoholfreies helles Bier
80 g Möhren
20 g Walnüsse
Fett für die Form

Zubereitung

1 Den Backofen auf 200 °C (Ober-/Unterhitze) vorheizen. Mehl, Salz, Brotgewürz, Backpulver und Bier in der Küchenmaschine ca. 8 Minuten kneten.

2 In der Zwischenzeit die Möhren waschen, schälen und grob reiben. Die Walnüsse hacken. Beides zum Schluss zum Teig geben und nochmals kurz durchkneten.

3 Eine Kastenform einfetten, den Teig einfüllen und das Brot im vorgeheizten Ofen 15 Minuten backen. Dann die Temperatur des Backofens auf 170 °C reduzieren und das Brot weitere 40 Minuten backen.

4 Brot in der Form abkühlen lassen, dann aus der Form stürzen und auf einem Kuchengitter vollständig auskühlen lassen.

Früchtebrot mit Äpfeln

Für 1 Kastenform (30 cm, 12 Scheiben)

Zubereitungszeit: 25 Minuten
Zeit zum Ziehen: 12 Stunden
Backzeit: 1 Stunde

Nährwerte pro Scheibe:
295 kcal / 1233 kJ
5 g Eiweiß / 12 g Fett / 39 g KH / 7 g BS

Zutaten

700 g säuerliche Äpfel (z. B. Boskop)
200 g Rohrzucker
100 g getrocknete Aprikosen
100 g getrocknete Pflaumen
100 g Rosinen
125 g gehackte Haselnüsse
150 g Butter
3 Eigelb
250 g Weizenvollkornmehl
250 g Roggenvollkornmehl
1 ½ Pck. Backpulver
2 EL ungesüßtes Kakaopulver
2 TL Zimt
1 TL gemahlene Gewürznelke
2 EL Rum
3 TL abgeriebene Zitronenschale
Fett für die Form

Zubereitung

1 Äpfel waschen, schälen, vierteln, Kerngehäuse entfernen, das Fruchtfleisch grob raspeln und mit dem Zucker in einer Schüssel vermischen. Zugedeckt über Nacht ziehen lassen.

2 Den Backofen auf 200 °C (Ober-/Unterhitze) vorheizen. Aprikosen und Pflaumen in kleine Würfel schneiden und beides mit Rosinen und Nüssen unter die Äpfel mischen. Butter und Eigelb in eine separate große Schüssel geben und schaumig schlagen.

3 Mehl mit Backpulver, Kakaopulver, Zimt und Nelken vermischen. Diese Mischung nach und nach mit Rum und abgeriebener Zitronenschale in die Butter-Ei-Masse einarbeiten. Dann die Obstmischung hinzugeben und verrühren.

4 Eine Kastenform einfetten und mit Mehl ausstäuben. Den Teig hineingeben, glattstreichen und im vorgeheizten Backofen ca. 1 Stunde backen.

5 Nach dem Backen ca. 10 Minuten in der Form abkühlen lassen, anschließend aus der Form stürzen und auf einem Kuchengitter vollständig auskühlen lassen.

TIPP

Wer möchte, kann das Früchtebrot mit Puderzucker dekorieren.

Kirsch-Quark-Kuchen

Für 1 Springform (Ø 20 cm, 12 Stücke)

Zubereitungszeit: 20 Minuten
Backzeit: 45 Minuten

Nährwerte pro Stück:

147 kcal / 616 kJ
6 g Eiweiß / 4 g Fett / 21 g KH / 1 g BS

Zutaten

400 g entsteinte Sauerkirschen (Glas)
1 Bio-Zitrone
3 Eier (M)
1 Prise Salz
100 g Zucker
1 Vanilleschote
½ TL Zimt
250 g Ricotta
100 g Magerquark
90 g Dinkelvollkorngrieß
Fett für die Form

Zubereitung

1 Den Backofen auf 175 °C (Ober-/Unterhitze) vorheizen. Sauerkirschen in ein Sieb geben und abtropfen lassen. Zitrone mit heißem Wasser abwaschen und Zitronenschale abreiben.

2 Eier mit Salz, Zucker und 1 EL heißem Wasser mit dem Handrührgerät etwa 3 Minuten zu einer hellen Creme aufschlagen.

3 Vanilleschote längs aufschlitzen, das Mark herauskratzen. Vanillemark mit dem Zitronenabrieb und dem Zimt unter die vorbereitete Creme rühren. Ricotta, Magerquark und Grieß zugeben und kurz verrühren. Die Kirschen unter die Creme heben.

4 Die Springform einfetten, den Teig einfüllen und glattstreichen. Kuchen im vorgeheizten Backofen etwa 45 Minuten backen.

5 Kuchen aus dem Backofen nehmen und auf einem Kuchengitter 10 Minuten abkühlen lassen. Erst dann den Springformrand entfernen.

Birnen-Walnuss-Kuchen

Für 1 Kastenform (30 cm, 12 Stücke)

Zubereitungszeit: 20 Minuten
Backzeit: 1 Stunde

Nährwerte pro Stück:
240 kcal / 1003 kJ
5 g Eiweiß / 10 g Fett / 32 g KH / 2 g BS

Zutaten

ca. 45 g Walnusskerne
1 große Birne oder 2 kleine Birnen
150 g Dinkelvollkornmehl
60 g feine Haferflocken
½ TL Backpulver
½ TL Natron
½ TL Salz
1 Pck. Bourbon-Vanillezucker
50 g Zucker
1 TL gemahlener Ingwer
60 g weiche Butter
2 Eier
110 ml Buttermilch
Milch nach Bedarf
Fett für die Form

Für das Frosting:
2 EL weiche Butter
150 g Zucker
½ TL gemahlene Vanille
1 EL Rotweinessig
2 EL frisch gepresster Zitronensaft

Zubereitung

1 Den Backofen auf 175 °C (Ober-/Unterhitze) vorheizen. Ein paar Wahlnusshälften für die Dekoration beiseitelegen, die restlichen Walnusskerne grob hacken. Die Birnen waschen, schälen, das Kerngehäuse entfernen und das Fruchtfleisch klein schneiden. Birnen, Mehl, gehackte Nüsse, Haferflocken, Backpulver, Natron, Salz, Vanillezucker, Zucker, Ingwer und Butter in eine Schüssel geben und vermischen.

2 Eier und Buttermilch in eine separate Schüssel geben und verquirlen, dann die Birnenmischung zugeben und alle Zutaten zu einem Teig verarbeiten. Wenn der Teig zu trocken ist, noch etwas Milch zugeben.

3 Eine Kastenform einfetten. Den Teig hineingeben und den Kuchen im vorgeheizten Backofen 1 Stunde backen. Stäbchenprobe machen.

4 Während der Kuchen backt, alle Zutaten für das Frosting in eine Schüssel geben und mit einer Gabel zu einer Creme verarbeiten.

5 Kuchen aus dem Ofen nehmen, das Frosting darauf verteilen und den Kuchen mit den Walnusshälften garnieren.

Vollkorn-Apfelkuchen

Für 1 Springform mit Rohrboden
(Ø 26 cm, 16 Stücke)

Zubereitungszeit: 30 Minuten
Backzeit: 1 Stunde

Nährwerte pro Stück:
100 kcal / 416 kJ
3 g E / 7 g F / 7 g KH / 1 g BS

Zutaten

330 g Vollkornweizenmehl
1 Pck. Backpulver
425 g Zucker
1 Pck. Vanillezucker
½ TL Zimt
6 Eier (Größe M)
240 ml Rapsöl
60 g gemahlene Walnüsse
3 Äpfel
Puderzucker zum Bestäuben
Außerdem:
Fett für die Form
Paniermehl für die Form

Zubereitung

1 Den Backofen auf 180 °C Ober-/Unterhitze vorheizen. Mehl und Backpulver mischen. Zucker, Vanillezucker, Zimt, Eier und Öl zugeben und mit den Schneebesen des Handrührgerätes zu einem glatten Teig verarbeiten. Dann die Nüsse unterrühren.

2 Äpfel schälen, vierteln und Kerngehäuse entfernen. Äpfel grob würfeln und unter den Teig heben.

3 Eine Springform mit Rohrbodeneinsatz fetten und mit Paniermehl ausstreuen. Den Teig hineingeben und den Kuchen im vorgeheizten Backofen ca. 1 Stunde backen. Dann aus dem Ofen nehmen und auf einem Gitter etwas abkühlen lassen. Aus der Form lösen, stürzen und mit Puderzucker bestäuben.

Heidelbeer-Joghurt-Muffins

Für 12 Stück

Zubereitungszeit: 25 Minuten
Backzeit 30 Minuten

Nährwerte pro Stück:
155 kcal / 650 kJ
649 g Eiweiß / 4 g Fett / 7 g KH / 19 g BS

Zutaten

250 g Heidelbeeren
265 g Dinkelvollkornmehl
2 TL Backpulver
50 g Butter
1 Ei
3 EL flüssiger Honig
100 g Joghurt (3,5 %)
100 g saure Sahne

Zubereitung

1 Heidelbeeren waschen und gut abtropfen lassen. Mit 1 EL Mehl bestäuben und gut abklopfen. Restliches Mehl mit Backpulver mischen, Butter in einem Topf zerlassen und etwas abkühlen lassen, sie soll aber noch flüssig sein.

2 Den Backofen auf 200 °C (Ober-/Unterhitze) vorheizen. Ei, Honig, Joghurt und saure Sahne vermengen und die zerlassene Butter unterrühren. Das Mehl in die Masse einarbeiten und die Heidelbeeren vorsichtig unterheben.

3 Zwölf Papierförmchen in die Vertiefungen der Muffinform setzen und den Teig in die Förmchen füllen. Muffins im vorgeheizten Backofen 25–30 Minuten goldbraun backen. Die fertigen Muffins 5 Minuten in der Form ruhen lassen, dann herausnehmen und vollständig abkühlen lassen.

Zitronenmuffins

Für 12 Stück

Zubereitungszeit: 20 Minuten
Backzeit: 25 Minuten

Nährwerte pro Stück:
213 kcal / 891 kJ
4 g Eiweiß / 12 g Fett / 23 g KH / 2 g BS

Zutaten

1 Bio-Zitrone
100 g Zucker
2 Eier
230 g Joghurt (3,5 %)
120 ml Rapsöl
250 g Weizenvollkornmehl
½ Pck. Backpulver
1 EL Reissirup

Zubereitung

1 Den Backofen auf 200 °C (Ober-/Unterhitze) vorheizen. Zitrone unter heißem Wasser waschen. Mit einem Zestenreißer oder einem Sparschäler Zesten von der Zitronenschale reißen, dann die Zitrone auspressen.

2 Zucker, Eier und 3 EL Zitronensaft miteinander verrühren. Dann 200 g Joghurt und Öl unterrühren. Mehl mit Backpulver mischen zu den anderen Zutaten geben und schnell zu einem glatten Teig verrühren.

3 Zwölf Papierförmchen in die Vertiefungen der Muffinform und den Teig einfüllen. Muffins 20–25 Minuten backen. Die fertigen Muffins 5 Minuten in der Form ruhen lassen, anschließend herausnehmen und auskühlen lassen.

4 Den verbliebenen Joghurt mit Reissirup und restlichem Zitronensaft verrühren, je einen Klecks der Glasur auf einen Muffin geben und mit Zitronenzesten verzieren.

Johannisbeer-Haselnuss-Kuchen

Für 1 Springform (Ø 26 cm, 16 Stücke)

Zubereitungszeit: 35 Minuten
Backzeit: 50 Minuten

Nährwerte pro Stück:
184 kcal / 762 kJ
5 g E / 12 g F / 13 g KH / 3 g BS

Zutaten

150 g Vollkorn-Weizenmehl
200 g gemahlene Haselnüsse
65 g zarte Haferflocken
1 Ei
2 EL Rapsöl
60 g flüssiger Honig
100 g saure Sahne
500 g rote Johannisbeeren
1 Vanilleschote
3 Eiweiß
1 Prise Salz
½ TL Zimt

Zubereitung

1 In einer kleinen Schüssel das Mehl mit 100 g Haselnüssen und 50 g Haferflocken vermischen.

2 In einer Rührschüssel das Ei mit Öl, 2 EL Honig und der sauren Sahne verrühren. Die Mehl-Nuss-Mischung dazugeben und alles zu einem geschmeidigen Teig kneten.

3 Den Teig auf einer leicht bemehlten Arbeitsfläche ausrollen, die Springform damit auskleiden und dabei einen etwa 3 cm hohen Rand formen. 30 Minuten kalt stellen.

4 Den Backofen auf 180 °C Umluft vorheizen.

5 In der Zwischenzeit die Johannisbeeren waschen, trocken tupfen und vorsichtig von den Rispen in eine Schüssel streifen. Die Vanilleschote der Länge nach aufschlitzen und das Mark herauskratzen. Vanillemark mit Eiweißen, Salz, Zimt und dem restlichen Honig über einem heißen Wasserbad steif schlagen, dann die übrigen Haselnüsse und Haferflocken sowie die Johannisbeeren unterziehen.

6 Die Mischung auf dem Teigboden verteilen. Den Kuchen im vorgeheizten Backofen 40–50 Minuten backen, herausnehmen und in der Form abkühlen lassen.

Süßes Apfel-Zwetschgen-Brot

Für 1 Kastenform (25 cm, 12 Stücke)

Zubereitungszeit: 15 Minuten
Backzeit: 1 Stunde

Nährwerte pro Scheibe:
172 kcal / 721 kJ
7 g Eiweiß / 12 g Fett / 9 g KH / 3 g BS

Zutaten

250 g gemahlene Mandeln
2 TL Backpulver
1 Prise Salz
250 g Zwetschgen
300 g Äpfel
2 Eier
60 ml Milch
2 EL Ahornsirup oder flüssiger Honig
Fett für die Form

Zubereitung

1 Den Backofen auf 200 °C (Ober-/Unterhitze) vorheizen.

2 Mandeln, Backpulver und Salz mischen. Zwetschgen waschen, halbieren und entsteinen. Äpfel waschen und grob reiben. Äpfel mit Eiern, Milch und Ahornsirup oder Honig verrühren. Dann die vorbereitete Mandelmischung unterrühren.

3 Eine Kastenform fetten. Den Teig einfüllen und glatt streichen. Zwetschgen dicht an dicht auf dem Teig verteilen und das Brot im vorgeheizten Ofen ca. 1 Stunde backen.

4 Brot in der Form etwas abkühlen lassen, aus der Form lösen und auskühlen lassen.

TIPP

Genießen Sie das Brot mit einem Klacks Joghurt zum Frühstück. Alternativ können Sie das süße Brot Ihren Gästen zur Kaffeezeit am Nachmittag anbieten.

Aprikosen-Hafer-Cookies

Für 20 Stück

Zubereitungszeit: 15 Minuten
Backzeit: 30 Minuten

Nährwerte pro Stück:

57 kcal / 239 kJ
2 g Eiweiß / 1 g Fett / 10 g KH / 1 g BS

Zutaten

- ½ Vanilleschote
- 40 g brauner Zucker
- 20 g Zuckerrübensirup
- 2 TL Rapsöl
- 70 g Pflaumenmus
- 1 Ei
- 1 Eiweiß
- 60 g kernige Haferflocken
- 40 g Haferkleie
- 60 g Weizenvollkornmehl
- ½ TL Backpulver
- 25 g Soft-Aprikosen

Zubereitung

1 Den Backofen auf 175 °C (Ober-/Unterhitze) vorheizen. Vanilleschote längs aufschlitzen und das Mark herauskratzen. Vanillemark mit Zucker, Sirup, Öl, Pflaumenmus, Ei, Eiweiß, Haferflocken, Haferkleie, Mehl und Backpulver in eine Rührschüssel geben. Die Aprikosen fein würfeln und zugeben. Alles mit den Knethaken des Handrührgeräts vermengen.

2 Zwei Backbleche mit Backpapier belegen. Für jeden Cookie ca. 1 TL Teig auf das Blech geben und leicht flach drücken. Im vorgeheizten Backofen nacheinander jeweils 12–15 Minuten backen.

3 Cookies auf einem Kuchengitter auskühlen lassen.

Apfel-Crumble

Für 2 Portionen

Zubereitungszeit: 20 Minuten
Backzeit: 20 Minuten

Nährwerte pro Portion:

695 kcal / 2907 kJ
11 g Eiweiß / 35 g Fett / 83 g KH / 10 g BS

Zutaten

60 g Butter
40 g brauner Zucker
1 Prise Salz
½ Pck. Bourbon-Vanillezucker
75 g Dinkelvollkornmehl
25 g feiner Dinkelschrot
2 Äpfel
½ Zitrone
Fett für die Auflaufförmchen
2 EL Mandelblättchen
Puderzucker zum Bestäuben

Zubereitung

1 Butter, Zucker, Salz, Vanillezucker, Dinkelvollkornmehl und Dinkelschrot in eine Schüssel geben und mit den Fingern zu Streuseln verarbeiten. Zugedeckt ca. 15 Minuten kalt stellen.

2 In der Zwischenzeit Äpfel waschen, vierteln und die Kerngehäuse entfernen. Zitrone auspressen und die Äpfel mit Zitronensaft beträufeln. Den Backofen auf 175 °C (Ober-/Unterhitze) vorheizen.

3 Zwei Auflaufförmchen leicht einfetten und die Hälfte der vorbereiteten Streusel darin verteilen. Die Äpfel hinzugeben und die restlichen Streusel über die Äpfel streuen. Crumble im vorgeheizten Backofen ca. 20 Minuten backen. Mandelblättchen ca. 10 Minuten vor Ende der Backzeit über den Crumble streuen.

4 Den abgekühlten Crumble mit Puderzucker bestäuben.

TIPP

Der fruchtig süße Apfel-Crumble schmeckt am besten noch warm mit selbst gemachter Vanillesoße oder mit Preiselbeeren.

Möhren-Walnuss-Torte mit Heidelbeeren

Für 1 Springform (20 cm Ø, 16 Stücke)

Zubereitungszeit: 25 Minuten
Backzeit: 75 Minuten

Nährwerte pro Stück:
541 kcal / 2263 kJ
9 g Eiweiß / 36 g Fett / 46 g KH / 3 g BS

Zutaten

250 g Rapsöl
250 g Weizenvollkornmehl
100 g Walnusskerne
400 g Möhren
3 gestr. TL Backpulver
220 g brauner Zucker
gemahlene Vanille
1 Prise Salz
½ TL Zimt
4 Eier (Gr. M)
250 g Heidelbeeren
1 Bio-Limette
600 g Doppelrahmfrischkäse
6 EL Sahne
300 g Puderzucker

Zubereitung

1 Eine Springform leicht einölen und mit etwas Mehl ausstäuben. Den Backofen auf 175 °C (Ober-/Unterhitze) vorheizen.

2 Walnusskerne hacken, Möhren schälen und raspeln. Mehl, Backpulver, 200 g Zucker, Vanille, Salz und Zimt in einer Rührschüssel mischen.

3 Das Öl zugeben und die Eier nacheinander unterrühren. Nüsse und Möhren unter den Teig heben, den Teig in die Form füllen und glatt streichen.

4 Den Kuchen im vorgeheizten Ofen ca. 75 Minuten backen (Stäbchenprobe). Nach ca. 50 Minuten mit Alufolie abdecken, wenn der Teig zu dunkel wird. Kuchen aus dem Backofen nehmen und auf einem Kuchengitter abkühlen lassen. Dann vorsichtig aus der Form lösen und auskühlen lassen.

5 Heidelbeeren waschen und gut abtropfen lassen. Schale von der Limette abreiben und die Limette auspressen. Frischkäse, Sahne und Puderzucker mit den Schneebesen des Rührgeräts dickcremig aufschlagen, Limettenabrieb und Limettensaft unterrühren.

6 Den Kuchen mit einem Messer waagerecht dritteln. Je ca. ein Viertel der vorbereiteten Creme auf den unteren und mittleren Boden verstreichen und ca. ein Drittel der Heidelbeeren auf die bestrichenen Böden geben. Die Heidelbeeren leicht in die Creme drücken. Die beiden Böden übereinanderlegen, vorsichtig andrücken und den dritten Boden auflegen. Die Torte vollständig mit der restlichen Creme einstreichen, mit den verbliebenen Heidelbeeren belegen und mit dem restlichen Zucker bestreuen.

NACHSPEISEN

Blinis mit Orangenquark

Für 2 Portionen

Zubereitungszeit: 40 Minuten
Zeit zum Gehen: 55 Minuten

Nährwerte pro Portion:
439 kcal / 1855 kJ
19 g Eiweiß / 8 g Fett / 70 g KH / 5 g BS

Zutaten

¼ Würfel Hefe (10 g)
1 ½ EL flüssiger Honig
60 g Buchweizenmehl
40 g Dinkelvollkornmehl
1 Prise Salz
1 Ei
1 Orange
1 Prise gemahlene Vanille
½ EL Öl
125 g Magerquark
Puderzucker zum Bestäuben

Zubereitung

1 Hefe mit ½ EL Honig und 1 EL lauwarmem Wasser verrühren und 10 Minuten an einem warmen Ort gehen lassen.

2 Buchweizenmehl und Dinkelvollkornmehl, Salz, 125 ml lauwarmes Wasser und das Ei in eine Schüssel geben. Die aufgelöste Hefe zugeben und mit den Knethaken des Handrührgeräts zu einem glatten Teig verrühren. Den Teig zugedeckt an einem warmen Ort etwa 45 Minuten gehen lassen.

3 In der Zwischenzeit die Orange schälen, dabei die weiße Haut vollständig vom Fruchtfleisch der Orange entfernen. Die Orangenfilets mit einem Messer zwischen den Trennhäuten herausschneiden und dabei den Saft auffangen. 25 ml Saft mit der Vanille in einem kleinen Topf zu einem Sirup einkochen. Die Orangenfilets zufügen und abkühlen lassen.

4 Den Teig durchrühren. Eine beschichtete Pfanne mit Öl auspinseln und darin nacheinander sechs goldbraune Blinis backen.

5 Den Quark mit dem restlichen Honig glatt rühren. Blinis mit Puderzucker bestäuben und die Blinis mit dem Quark und den Orangenfilets servieren.

Frozen Yogurt mit Johannisbeerkompott

Für 2 Portionen

Zubereitungszeit: 45 Minuten
Gefrierzeit: 4 Stunden

Nährwerte pro Portion:
185 kcal / 776 kJ
8 g Eiweiß / 5 g Fett / 24 g KH / 3 g BS

Zutaten

250 g Joghurt (3,5 %) oder Sojajoghurt
½ Bio-Zitrone
2 EL flüssiger Honig
1 Eiweiß
1 Prise Salz

Für das Kompott:
1 TL Speisestärke
60 ml roter Johannisbeersaft
100 g rote Johannisbeeren
75 g schwarze Johannisbeeren

Zubereitung

1 Ein Sieb mit einem sauberen Geschirrtuch auslegen, den Joghurt in das Sieb geben und über Nacht im Kühlschrank abtropfen lassen. Am nächsten Tag die Schale von der Zitrone abreiben und die Zitrone auspressen. Den abgetropften Joghurt mit Zitronenabrieb, Zitronensaft sowie 1 EL Honig cremig rühren.

2 Eiweiß mit Salz steif schlagen und unter den Joghurt heben. Joghurtmasse in einen Gefrierbehälter füllen und im Tiefkühlfach 3–4 Stunden gefrieren. Die Joghurtmasse alle 20–30 Minuten umrühren, damit sich keine Eiskristalle bilden.

3 In der Zwischenzeit für das Kompott die Speisestärke mit 1 EL Johannisbeersaft verrühren. Den übrigen Saft mit dem restlichen Honig in einen Topf geben und aufkochen lassen. Die angerührte Speisestärke unter Rühren in den Topf geben und alles 7–10 Minuten bei schwacher Hitze köcheln lassen.

4 Die Johannisbeeren waschen und von den Rispen zupfen. In den köchelnden Saft geben und aufkochen lassen. Den Topf von der Herdplatte nehmen und das Kompott etwa 15 Minuten abkühlen lassen.

5 Das cremig gefrorene Frozen Yogurt aus dem Tiefkühlfach nehmen. Je nach Belieben mit dem Löffel Nocken abstechen und in zwei Schälchen geben. Das Kompott auf den Nocken verteilen.

Hirsepudding mit Beeren

Für 2 Personen

Zubereitungszeit: 30 Minuten
Kühlzeit: 3 Stunden

Nährwerte pro Portion:
436 kcal / 1327 kJ
13 g Eiweiß / 11 g Fett / 70 g KH / 7 g BS

Zutaten

500 ml Milch
4 EL flüssiger Honig
80 g Hirse
2 TL Speisestärke
200 g gemischte Beeren (Brombeeren, Himbeeren, Johannisbeeren, Heidelbeeren)
1 Bio-Orange

Zubereitung

1 Milch mit 2 EL Honig in einem Topf aufkochen. Die Hirse zufügen und bei schwacher Hitze und das Ganze unter ständigem Rühren 15–20 Minuten köcheln lassen. Die Speisestärke unter Rühren zugeben und die Masse noch 1 Minute köcheln lassen.

2 Zwei Puddingförmchen mit kaltem Wasser ausspülen, die Puddingmasse in die Förmchen füllen und 2–3 Stunden kalt stellen.

3 Vor dem Servieren den Pudding auf Teller stürzen. Die Orange mit heißem Wasser abwaschen und etwas Schale abreiben. Die Beeren vorsichtig waschen, mit übrigem Honig und der Orangenschale pürieren und zu dem Pudding servieren.

Brombeerquark mit Walnüssen

Für 2 Portionen

Zubereitungszeit: 15 Minuten

Nährwerte pro Portion:
489 kcal /2051 kJ
20 g Eiweiß / 36 g Fett / 21 g KH / 2 g BS

Zutaten

250 g Quark (20 % Fett)
70 g Joghurt (3,5 %)
2 EL Leinöl
1 EL flüssiger Honig
1 Spritzer Zitronensaft
2–3 EL Walnusskerne
50 g Brombeeren
1 EL Zucker

Zubereitung

1 Quark, Joghurt, Leinöl und Honig in einer Schüssel cremig rühren und mit Zitronensaft abschmecken.

2 Walnusskerne grob hacken und in einer beschichteten Pfanne ohne Zugabe von Öl goldbraun rösten, bis sie aromatisch zu duften beginnen.

3 Die Brombeeren vorsichtig waschen, in einer Schüssel mit dem Zucker mischen und auf der Quarkmischung verteilen. Die Nüsse auf den Brombeerquark geben und servieren.

Pumpernickel-Quark-Creme mit Kirschen

Für 2 Portionen

Zubereitungszeit: 10 Minuten

Nährwerte pro Portion:
277 kcal / 1161 kJ
18 g Eiweiß / 7 g Fett / 33 g KH / 3 g BS

Zutaten

1 Glas Sauerkirschen (185 g Abtropfgewicht)
1 Scheibe Pumpernickel
½ Bio-Zitrone
250 g Quark (20 %)
1 TL Zucker
1 Msp. gemahlene Vanille

Zubereitung

1 Kirschen in ein Sieb geben und gut abtropfen lassen. Die Zitrone heiß abwaschen, die Schale abreiben und die Zitrone auspressen. Pumpernickel fein zerbröseln und mit der 1 TL Zitronenschale und 1 EL Zitronensaft vermischen. Den Quark mit Zucker (nach Bedarf) und der Vanille cremig verrühren.

2 Ein paar Kirschen und etwas von dem Pumpernickel zum Garnieren beiseitelegen.

3 Den verbliebenen Pumpernickel, Quark und restliche Kirschen abwechselnd in zwei Gläser schichten. Das Dessert mit Pumpernickelbröseln und Kirschen garnieren und bis zum Servieren kühl stellen.

Kichererbsen-Cashew-Waffeln

Für 4–5 Stück

Zubereitungszeit: 25 Minuten

ca. Nährwerte pro Stück:
351 kcal / 1466 kJ
14 g Eiweiß / 28 g Fett / 12 g KH / 3 g BS

Zutaten

3 Eier
50 g Kichererbsenmehl
125 g Cashewkerne
125 ml Sojadrink
½ TL Backpulver
1 Prise Salz
1 Prise Zimt
½ TL gemahlene Vanille
3 EL Öl
Fett für das Waffeleisen

Zubereitung

Alle Zutaten zusammen in einen Mixbehälter geben und pürieren. Das Waffeleisen einfetten, anheizen und nach und nach vier bis fünf Waffeln darin backen.

TIPP

Servieren Sie die Waffeln mit frischen Beeren, Joghurt, Vanilleeis, Apfelmus oder einer guten Portion Schlagsahne – so sind sie ein noch größerer Genuss.

Müsliriegel

Für 12–16 Stück

Zubereitungszeit: 20 Minuten
Backzeit: 35 Minuten

ca. Nährwerte pro Stück:
283 kcal / 1184 kJ
7 g Eiweiß / 18 g Fett / 24 g KH / 3 g BS

Zutaten

120 g Butter
80 g Ahornsirup
100 g brauner Zucker
1 Prise Salz
60 g Walnusskerne
60 g Mandeln
50 g Cranberrys
50 g getrocknete Datteln
50 g Sonnenblumenkerne
50 g Pinienkerne
50 g Kürbiskerne
200 g zarte Haferflocken
Rapsöl für die Form

Zubereitung

1 Den Ofen auf 175 °C (Ober-/Unterhitze) vorheizen. Butter, Ahornsirup, Zucker und Salz in einen Topf geben und alles unter Rühren erhitzen. Die Masse köcheln lassen, bis der Zucker vollständig aufgelöst und ein dicker Sirup entstanden ist.

2 Walnusskerne, Mandeln und Trockenfrüchte grob hacken und zusammen mit den Sonnenblumen-, Pinien- und Kürbiskernen sowie den Haferflocken in eine Schüssel geben. Den Sirup zugeben und alles gut miteinander vermischen.

3 Eine feuerfeste Form mit etwas Öl einpinseln und die Müslimischung in die Form geben. Mit der Rückseite eines Löffels oder mit dem Boden eines Glases die Masse fest andrücken und im vorgeheizten Ofen 15 Minuten backen.

4 Die Form aus dem Ofen nehmen, die Masse erneut gut festdrücken und weitere 15–20 Minuten backen, bis die Oberfläche goldbraun ist.

5 Aus dem Backofen nehmen und die Masse in der Form vollständig auskühlen lassen. Anschließend aus der Form stürzen und mit einem scharfen Messer in Riegel schneiden.

Birnen-Zimt-Reis

Für 2 Portionen

Zubereitungszeit: 40 Minuten

Nährwerte pro Portion:

303 kcal / 1269 kJ

5 g Eiweiß / 11 g Fett / 47 g KH / 4 g BS

Zutaten

75 g Vollkornreis
75 ml Milch
1 Prise Salz
1 Bio-Zitronenspalte
200 g feste Birnen
20 g Butter
Zimt
1 Prise gemahlene Vanille
1 EL Ahornsirup
1 EL grob gehackte Mandeln

Zubereitung

1 Den Reis in einen Topf geben und mit 100 ml Wasser, Milch, Salz und der Zitronenspalte aufkochen lassen. Dann 30 Minuten bei schwacher Hitze köcheln lassen, bis der Reis gar ist.

2 In der Zwischenzeit Birnen waschen, vierteln, Kerngehäuse entfernen und das Fruchtfleisch würfeln. Die Butter in einem Topf zerlassen und die Birnen darin wenige Minuten dünsten. Mit Zimt, Vanille und Ahornsirup würzen.

3 Den Reis auf zwei Schälchen verteilen, die Birnen darüber geben und alles mit gehackten Mandeln bestreuen.

TIPPS

Birnen-Zimt-Reis klingt zunächst nach Winter, schmeckt aber auch im Sommer gut gekühlt ganz köstlich.
Dieses Rezept bietet eine tolle Zubereitungsidee für übrig gebliebenen Milchreis vom Vortag.

Joghurt-Trauben-Dessert mit Sellerie

Für 2 Portionen

Zubereitungszeit: 25 Minuten

Nährwerte pro Portion:

253 kcal / 1058 kJ
5 g Eiweiß / 13 g Fett / 27 g KH / 6 g BS

Zutaten

1 Orange
1 kleines Stück Ingwer
Salz
frisch gemahlener schwarzer Pfeffer
50 g Joghurt (3,5 %)
50 g Sahne
100 g Staudensellerie
100 g blaue Weintrauben
100 g Äpfel
1 EL Sesam

Zubereitung

1 Die Orange halbieren und ein Hälfte auspressen. Ingwer schälen und reiben. Orangensaft, Ingwer, Salz, Pfeffer und Joghurt in einer Schüssel verrühren. Die Sahne steif schlagen und unterheben.

2 Sellerie waschen und in Streifen schneiden. Etwas Selleriegrün beiseitelegen.

3 Die Trauben waschen, halbieren und bei Bedarf entkernen. Äpfel waschen, vierteln, vom Kerngehäuse befreien und in kleine Stückchen schneiden.

4 Sellerie, Trauben und Äpfel unter die vorbereitete Joghurtmasse heben und alles in zwei Dessertschälchen füllen.

5 Sesam in einer beschichteten Pfanne ohne Fett anrösten, bis er aromatisch zu duften beginnt. Die zweite Orangenhälfte schälen und die Orange klein schneiden.

6 Das Dessert mit dem gerösteten Sesam bestreuen, mit Orangenstücken und Sellerieblättchen garnieren.

Pflaumen-Porridge mit Dickmilch

Für 2 Portionen

Zubereitungszeit: 30 Minuten

Nährwerte pro Portion:
212 kcal / 884 kJ
4 g Eiweiß / 3 g Fett / 40 g KH / 4 g BS

Zutaten

1 Stück Bio-Zitrone
1 Stück Bio-Orange
200 ml Traubensaft
1 Msp. Zimt
1 Msp. gemahlene Gewürznelke
1 Msp. gemahlene Vanille
30 g Haferschrot
250 g Pflaumen
100 g Dickmilch

Zubereitung

1 Zitrone und Orange unter heißem Wasser waschen und jeweils etwas Schale abreiben. Traubensaft, Zimt, Nelke, Vanille und jeweils ½ TL Zitronen- und Orangenschale in einen Topf geben und aufkochen. Das Haferschrot in den kochenden Saft rieseln lassen und das Porridge 15–20 Minuten unter gelegentlichem Rühren leicht köcheln lassen.

2 Die Pflaumen waschen, halbieren und entsteinen. Pflaumen zum Porridge geben und den Porridge kurz auskühlen lassen.

3 Den Porridge in zwei tiefe Teller füllen und die glatt gerührte Dickmilch darübergeben.

Himbeer-Chia-Joghurt

Für 2 Portionen

Zubereitungszeit: 10 Minuten
Quellzeit: über Nacht

Nährwerte pro Portion:
334 kcal / 1397 kJ
14 g E / 17 g F / 29 g KH / 12 g BS

Zutaten

2 EL Chiasamen
200 ml Milch oder Mandeldrink
250 g Himbeeren
200 g Joghurt (3,5 % Fett)
1–2 getrocknete Datteln
1 TL gehackte Walnusskerne
½ EL zarte Haferflocken
½ EL geschroteter Leinsamen
½ EL flüssiger Honig

Zubereitung

1 Chiasamen mit der Milch bzw. dem Mandeldrink verrühren und zugedeckt über Nacht im Kühlschrank quellen lassen.

2 Am nächsten Morgen die Himbeeren vorsichtig waschen und trocken tupfen. Mit einer Gabel fein zerdrücken und unter die Chia-Mischung rühren. In zwei Schälchen geben und den Joghurt darauf verteilen.

3 Die Datteln hacken und mit Walnüssen, Haferflocken, Leinsamen und Honig vermengen. Auf den Joghurt geben.

TIPP

Schmeckt auch zum Frühstück.

GETRÄNKE

Zitronen-Thymian-Wasser

Für 6 Gläser

Zubereitungszeit: 5 Minuten
Zeit zum Ziehen: 10 Minuten

Nährwerte pro Glas:

5 kcal / 20 kJ
0 g Eiweiß / 0 g Fett / 0 g KH / 0 g BS

Zutaten

1 Bio-Zitrone
1 Bio-Limette
5 Stängel Zitronenthymian
2 Stängel Zitronenmelisse
Eiswürfel

Zubereitung

1 Zitrone und Limette halbieren und je eine Hälfte der Früchte auspressen. Die zwei anderen Hälften in Scheiben schneiden.

2 Zitronenthymian und -melisse grob zerkleinern. Zitrussaft und -scheiben sowie die Kräuter mit Eiswürfeln in eine Karaffe geben und mit 1,5 l kaltem Wasser auffüllen. Das fertige Getränk zugedeckt 10 Minuten ziehen lassen.

Limetten-Himbeer-Wasser

Für 6 Gläser

Zubereitungszeit: 5 Minuten
Kühlzeit: 1 Stunde

Nährwerte pro Glas:

3 kcal / 13 kJ
0 g Eiweiß / 0 g Fett / 0 g KH / 0 g BS

Zutaten

2 Bio-Limetten
2 Stängel Minze
100 g Himbeeren
Eiswürfel

Zubereitung

1 Eine Limette halbieren und den Saft auspressen. Die andere Limette mit heißem Wasser abwaschen und in dünne Scheiben schneiden.

2 Minze waschen und grob zerkleinern. Limettensaft und -scheiben sowie Minze und Himbeeren mit Eiswürfeln in eine Karaffe geben und mit 1 l kaltem Wasser auffüllen. Das Getränk 1 Stunde im Kühlschrank ziehen lassen.

Apfel-Möhren-Saft

Für (2 Gläser

Zubereitungszeit: 10 Minuten

Nährwerte pro Glas:
173 kcal / 721 kJ
1 g Eiweiß / 8 g Fett / 24 g KH / 3 g BS

Zutaten

500 g Möhren
500 g Äpfel
1 EL Leinöl
1 Spritzer Zitronensaft

Zubereitung

Möhren und Äpfel waschen und beides entsaften. Leinöl zu dem Möhren-Apfel-Saft geben und mit 1 Spritzer Zitronensaft abschmecken. Sofort servieren.

Gurken-Buttermilch

Für 2 Gläser

Zubereitungszeit: 5 Minuten

Nährwerte pro Glas:
89 kcal / 374 kJ
8 g Eiweiß / 2 g Fett / 10 g KH / 8 g BS

Zutaten

100 g Salatgurke
½ Bund Dill
1 EL frisch gepresster Zitronensaft
250 ml Buttermilch
1 TL Senf
2 EL Weizenkleie
Salz
frisch gemahlener schwarzer Pfeffer
Kresse

Zubereitung

Gurke schälen und grob würfeln. Dill waschen und die Blättchen abzupfen. Gurke, Dill, Zitronensaft, Buttermilch, Senf und Kleie in einen Mixbehälter geben und pürieren. Mit Salz und Pfeffer abschmecken und auf zwei Gläser verteilen. Die Gurken-Buttermilch mit etwas Kresse garnieren.

TIPP

Wenn Sie mal keinen Dill zur Hand haben, können Sie ihn durch ein anderes Kraut wie Petersilie, Schnittlauch oder Kerbel ersetzen. Alle Kräuter ermöglichen leckere Varianten des Shakes.

Joghurt-Orangen-Flip

Für 2 Gläser

Zubereitungszeit: 10 Minuten

Nährwerte pro Glas:

102 kcal / 429 kJ
4 g Eiweiß / 5 g Fett / 9 g KH / 1 g BS

Zutaten

1 Orange
150 g Joghurt (3,5 %)
125 ml Möhren-Apfel-Saft
½ EL Haselnussmus
Zimt

Zubereitung

Die Orange auspressen und den Saft mit Joghurt, Möhren-Apfel-Saft, Nussmus und 1 Msp. Zimt in einem Mixbehälter schaumig mixen. Drink in zwei Gläser füllen und beide Flips mit etwas Zimt bestäuben.

Eistee mit grünem Tee

Für 2 Gläser

Zubereitungszeit: 10 Minuten

Nährwerte pro Glas:

17 kcal/72 kJ
0 g Eiweiß / 0 g Fett / 3 g KH / 0 g BS

Zutaten

½ Bio-Zitrone
2 EL loser grüner Tee
½ EL flüssiger Honig
Eiswürfel

Zubereitung

1 Die Zitrone mit heißem Wasser abwaschen. Die Schale mit dem Sparschäler abschälen, die Zitrone auspressen. Zitronenschale zusammen mit dem Tee in einen hitzebeständigen Krug geben.

2 In einem Topf 500 ml Wasser erhitzen, aber nicht kochen lassen (70–80 °C). Mit dem heißen Wasser den Tee aufgießen und 3 Minuten ziehen lassen. Dann Honig und Zitronensaft einrühren. Den Tee vollständig abkühlen lassen.

3 Eiswürfel in zwei Gläser füllen und den Tee durch ein Sieb in die Gläser füllen.

Haferflocken-Brombeer-Smoothie

Für 2 Gläser

Zubereitungszeit: 5 Minuten

Nährwerte pro Glas:

407 kcal / 1705 kJ
17 g Eiweiß / 14 g Fett / 54 g KH / 6 g BS

Zutaten

90 g Haferflocken
300 ml Milch
300 g TK-Brombeeren
2 EL Honig oder Apfeldicksaft
250 g Joghurt (3,5 %)

Zubereitung

Alle Zutaten in einen Mixbehälter geben und zu einem cremigen Smoothie pürieren. Nach Bedarf noch etwas Milch hinzufügen. Den Smoothie auf zwei Gläser verteilen.

Hagebutten-Apfel-Eistee

Für 2 Gläser

Zubereitungszeit: 10 Minuten

Nährwerte pro Glas:

20 kcal / 85 kJ
0 g Eiweiß / 0 g Fett / 5 g KH / 0 g BS

Zutaten

2 Beutel Hagebuttentee
400 ml ungesüßter Apfelsaft
1 Zitrone
Eiswürfel

Zubereitung

1 Teebeutel in ein Kanne geben, mit 600 ml kochendem Wasser aufgießen und nach Packungsanleitung ziehen lassen. Dann die Beutel aus der Kanne nehmen und den Tee etwas abkühlen lassen.

2 Zitrone auspressen. Apfelsaft und Zitronensaft in den Tee geben. Die Menge richtet sich nach dem Geschmack.

3 Tee im Kühlschrank vollständig auskühlen lassen und mit Eiswürfeln servieren.

Sellerie-Gurken-Rucola-Smoothie

Für 2 Gläser

Zubereitungszeit: 5 Minuten

Nährwerte pro Glas:

66 kcal / 237 kJ
4 g Eiweiß / 1 g Fett / 9 g KH / 6 g BS

Zutaten

½ Salatgurke
2 Stangen Staudensellerie
150 g Rucola
1 Orange

Zubereitung

Gurke und Sellerie waschen, putzen und in grobe Stücke schneiden. Rucola waschen, Stängel entfernen, die Blätter trocken schleudern. Orange auspressen. Sellerie, Gurke, Rucola und Orangensaft in einem Mixbehälter fein pürieren. Den Smoothie auf zwei Gläser verteilen.

TIPP

Beim Rucola sollten die Stängel nach dem Waschen entfernt werden, da sie viel Nitrat enthalten.

Weißer Getreidekaffee-Smoothie

Für 2 Gläser

Zubereitungszeit: 10 Minuten

Nährwerte pro Glas:

506 kcal / 2116 kJ
21 g Eiweiß / 45 g Fett / 6 g KH / 4 g BS

Zutaten

150 ml kräftiger kalter Getreidekaffee
150 ml Mandeldrink
100 g Schmand
50 g geschälte Mandeln
1 EL Kokosmus
3 sehr frische Bio-Eier
½ TL gemahlene Vanille
Zucker nach Belieben
4 Eiswürfel

Zubereitung

Den Getreidekaffee mit Mandeldrink, Schmand, Mandeln, Kokosmus, Eiern und gemahlener Vanille in einen Mixbehälter geben. Mit dem Pürierstab pürieren, bis die Mandeln fein gemixt sind und sich alle Zutaten miteinander verbunden haben. Den Smoothie bei Bedarf mit etwas Zucker abschmecken. In zwei große Gläser je zwei Eiswürfel geben und den Smoothie aufgießen.

Grüner Kefir-Smoothie

Für 2 Gläser

Zubereitungszeit: 10 Minuten

Nährwerte pro Glas:
221 kcal / 925 kJ
9 g Eiweiß / 9 g Fett / 24 g KH / 5 g BS

Zutaten

½ Bund Minze
1 Stängel Zitronenmelisse
125 g Blattspinat
1 kleine Birne
½ reife Banane
½ Zitrone
1 EL Mandeln
250 g Kefir

Zubereitung

1 Minze und Zitronenmelisse waschen und trocken schütteln. Spinat waschen und trocken schleudern. Birne waschen, halbieren, das Kerngehäuse entfernen und das Fruchtfleisch in grobe Stücke schneiden. Banane schälen und klein schneiden. Zitrone auspressen.

2 Minze, Zitronenmelisse, Blattspinat, Birne und Banane mit Zitronensaft, Mandeln und 1–2 EL Wasser mit einem Pürierstab fein pürieren. Den Kefir unterrühren.

3 Den Smoothie auf zwei Gläser verteilen.

TIPP

Spinat kann relativ viel Nitrat enthalten. Wählen Sie Spinat aus Freilandanbau, möglichst in Bio-Qualität. Hier sind die Nitratwerte etwas geringer.

REZEPTREGISTER

FRÜHSTÜCK

SALATE UND KLEINIGKEITEN

SUPPEN

HAUPTGERICHTE

BROT, KUCHEN UND GEBÄCK

NACHSPEISEN

GETRÄNKE

Bibliografische Information der Deutschen Nationalbibliothek
Die Deutsche Nationalbibliothek verzeichnet diese Publikation in der deutschen Nationalbibliografie; detaillierte bibliografische Daten sind im Internet über http://dnb.ddb.de/ abrufbar.

ISBN 978-3-8426-3076-5 (Print)
ISBN 978-3-8426-3077-2 (PDF)
ISBN 978-3-8426-3078-9 (EPUB)

Abbildungen:
Titelmotiv: stock.adobe.com - anna_shepulova
Stock.adobe.com: Siam Pukkato: 6/7; bilderzwerg: 8; rob3000: 11; Henning Riediger: 16; Vladislav Nosik: 20/21; Natalya: 43; bondarillia: 46/47; Vsevolod Belousov: 49; veronikasmirnaya: 51; eflstudioar: 55; Taskova Irina: 57; Oksana Bratanova: 61; Elena Schweitzer: 65; emmi: 69; matka_Wariatka: 71; marysckin: 75; Viktorija: 79; marysckin: 81; Anjelika Gretskaia: 83; zefirchik06: 89; Calandra: 91; Simone: 93; vaaseenaa: 97; Pixel-Shot: 101; emmi: 105; Timolina: 109; FomaA: 115; Brebca: 117; A_Lein: 123; Sara Winter: 125; INGO HOFFMANN: 127; A_Lein: 131; Ivan Danik: 137; Silvia Bogdanski: 143; nolonely: 145; Bart: 147; nerudol: 151; Юлия Коченкова: 153

2. Auflage

Die Ratgebermarke der Schlütersche Fachmedien GmbH
Hans-Böckler-Allee 7, 30173 Hannover
www.humboldt.de
buchvertrieb@schluetersche.de
www.schluetersche.de

Gedruckt mit mineralölfrei hergestellten Druckfarben und Strom aus erneuerbaren Energien. Die eingesetzten Klebe- und Bindestoffe entsprechen den derzeitigen Umweltstandards, die vom RAL-Institut für Gütesicherung und Kennzeichnung geprüft wurden.

Lektorat: Annette Gillich-Beltz, Essen
Layout: Groothuis, Lohfert, Consorten, Hamburg
Covergestaltung: Die Feder · Werbeagentur GmbH, Wetzlar
Satz: Die Feder · Werbeagentur GmbH, Wetzlar
Druck und Bindung: Gutenberg Beuys Feindruckerei GmbH, Langenhagen